爸媽的第一本
不尷尬性教育指南

減少衝突的70堂性觀念×性暴力關鍵對話課，
跟錯誤百出的「網路老師」說bye-bye

盧河延、申淵淀、李水智
Lala School ◎著

推薦導讀

性與愛是什麼？換你當老師

這一本書很適合孩子帶領父母一起讀，如果你是國小高年級生，我相信你一定可以做得到我說的，因為你的父母從小受到的性教育比你還貧乏，經過多年後的荒廢，相信他們回答你的問題都只能照標題念給你聽，甚至連消化都沒有就轉述出來。

但你們這一代，從網路、從態度，都會比較從容自在，所以辛苦了，幫幫父母回到青春期，一起好好研究什麼是性，什麼是愛。

也就是說，這本書對孩子還比較容易上手，對某些父母還是高深許多。

最近「末代皇帝」經典復刻版重新上映，在大家都怕去密閉電影院時期卻票房大好，片中有一幕是十二歲左右的溥儀在宮殿上眾目睽睽下要喝奶，母親揭開了扣子讓溥儀吸吮，也許他是誰都管不著的皇帝，但這一幕確實會讓各種年紀的觀影者一起思考，如果是自己，會阻止這個行為嗎？會怎麼說呢？

另外，看色情片真的會上癮嗎？還是這個上癮要持續才難哩，如果沒有新品上市，如果你功課和事業很忙碌，如果遊戲和追劇更吸引人，這個時代真的不是我們以前的農業社會，沒有那麼無聊到只會盯著性在打轉，大人們需要升級啦，不要再用過時的恐懼來嚇自己的孩子。

性，是一件無聊也有趣的事，也很可能是很安全又危險的活動，很多事都有這些不同的面向，不用大驚小怪，只要透過求知和健康心態就能遠離困擾。

好了，這次換你當老師，告訴父母，性與愛是什麼！

作者、詞人 許常德

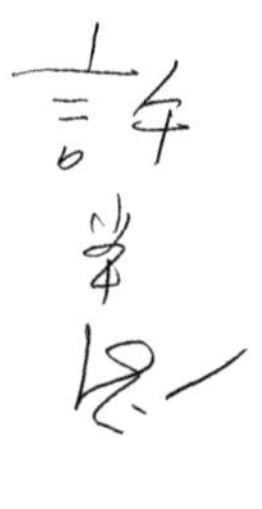

前言

在開始之前先重新認識「性」！

「你長大就都會懂了」如果我問起跟「性」有關的事情，爸媽通常會這樣回答。聽到這樣的回應，當時七歲的我只希望自己能趕快長大！

因為，這個答案不僅沒辦法消除我的好奇心，反而讓我覺得又悶又煩。而且比一切更重要的是，我察覺到我提出的問題讓父母親感到困擾，所以從那一刻起，我就避免跟他們談到關於性的事情，之後，也成為在這方面無法信任我的父母的原因之一。後來我發現這不只是我一個人的故事而已，包括周遭朋友、學長姊和學弟妹，甚至我現在所教導的學生，全部都有過類似的經驗。

但是，真的長大後就自然能了解「性」了嗎？

很可惜的，並非如此。我在大學教課的過程中，發現許多人連基本的性知識都沒有，即便是生過小孩的家長也是一知半解，甚至很多人對網路上流傳的錯誤資訊更是信以為真。

這樣回避討論「性」的結果是，我們會因為錯誤的認知而失去建立「具有安全又平等的性」的社會，因為「性」不單只是知識，它跟我們的情緒、人際關係都有深刻關聯，更是構成社會文化的因素。因此，如果理解到的是錯誤資訊或對於性有扭曲認知，就會嚴重影響我們的日常生活，所以，「性教育」是絕對必要的，並非如爸媽所說的「長大後就都會懂了」。

為什麼「性教育」要從家中開始進行？

因為，人們通常會透過最方便且隱密的管道來滿足性方面的好奇心，以現代的情形來說，就是利用網路搜尋，到時候孩子們就會從資訊最龐雜混亂的「網路老師」汲取性知識。所以，在孩子長大過程中，接收到錯誤的資訊之前，先讓他瞭解正確的性觀念，對孩子而言才是最安全的學習方式。

通常小孩會先在家中展現出對「性」的好奇。家庭是非常個人化的生活空間，同時也存在跟自己有別的「其他家族成員」，猶如一個小型社會。如果能早一步在這樣既是個人空間，也算是公共空間的家裡，健康又正確地認識「性」，那該有多好呢？

雖然從體制教育來學習性知識也很棒，但是這樣的學習並不夠完善，因為性是一個生活化的主題，沒辦法在學校學到所有面向，而且當孩子產生跟性有關的煩惱時，也不會輕易去問老師。就算孩子們有問題都會儘量求助老師，但對於負責全校所有學生的老師來說，很難針對個別學生做詳細地瞭解並給予具體的幫助。

所以，如果能在家裡解決生活中關於性的問題，自然可以把性當成一件正常的事。而且，通常在原生家庭中感受到的性教育越自然、完善，孩子在未來與家庭以外的人互動時，更能自在地面對「性」所帶來的問題，甚至享受性帶來的好處。

「家」應該要成為當孩子遇到性相關疑慮時願意求助的安全場所，但這句話的意思並不是說所有的問題都只能在家裡解決，而是當孩子有性的疑問需要協助時，他們會先想到家人面對這個議題時的可能反應。這也是為什麼現在很少有孩子會願意尋求父母幫助，或是直接把家人排除在求救選項的原因之一。

當孩子帶著問題來尋求協助時，我們是否有自信能完全接受並解決問題呢？很可惜的是，很多父母面對子女對「性」好奇，或是性相關的麻煩時，都未能即時給予妥善的回應。舉例來說，假如孩子從朋友那邊收到有性暗示的照片感到不舒服，並請求大人幫助時，爸媽們該做什麼？或是，就讀高中的孩子說要跟異性朋友去兩天一夜的旅行，希望父母同意時，我們會如何應對？又或者，應該大部分家長都聽過——「為什麼媽媽沒有小雞雞？」的問題，對此你能不慌不忙地說明給孩子理解嗎？

這些問題難以回答，不是因為沒有答案，而是我們沒有學過該如何去說明，也是因為到現在為止，性都被當成是長大後就會明白的一個領域，所以我們不知道該怎麼主動跟孩子談性、用什麼方式說，或是該說到哪種程度？

不過，請不用過於擔心，只要事先做足功課，當孩子問到你也不清楚的部分就去學習，然後再告訴孩子正確資訊，如此一來就能養成家庭性教育的正向循環。簡單來說，遇到不了解的問題就找出答案，並沒有想像中的那麼艱難。

性≠情色

其實我們會認為在家裡進行性教育很困難，並不是因為不懂，而是因為覺得難以啟齒。很多父母在無法好好處理孩子性方面的問題或行動時，會想要直接買相關的書籍，在書裡找答案。可是如果這麼做，孩子就會覺得「性」是很「情色」且難為情的事，一旦爸媽表現出對性的尷尬，孩子會抗拒跟家人談性，而用較不安全的方式自行找答案。

所以做為家長，我們必須先認同「性很自然」這件事，要擺脫「性是危險又下流」的這種想法。事實上，偶爾也會有人用「性是很美好、很崇高的」這種理想化的方式說明，不過我並不太想要這樣去形容。性，就單純只是「性」而已。與性相關的不論是生理上的月經、性愛或心理上的戀愛情感等，這些都是「自然的事情」。

會想要將「性」理想化，就代表這件事本身讓人害怕，因此才把「性」昇華為崇高的存在，希望讓人連碰都不能碰。但是，我們平時會把肚子餓想吃東西，或累到呼呼大睡這種事情形容成「美好的事物」或覺得煞有其事，然後深入探討嗎?我想應該不會吧。

一直以來，我們的社會風氣對於性都持有封閉且保守的態度，所以才認為跟性有關的事情讓人覺得尷尬。我希望本書的讀者們，能夠在閱讀本書的過程中，對性的議題更加熟悉而感到安心。假如你對於熟悉「性」這件事情感到不自在，那可能代表你心裡認為，對性的態度如果自然又大方，可能容易被放大檢視，或變成跟誰都能輕易聊自己的月經、性經驗的人。

我所謂的對性變得熟悉，指的是能輕鬆自在地看待性，認知到這是日常生活的一部分，並能靈活處理相關的問題。儘管性是很自然的一件事，但也是屬於個人極其私密的領域，需要保持與他人之間的界線，所以當然不會隨便對人開口聊自己性方面的事。

假如一個家庭能輕鬆自在地看待性，那家中的性教育就已經成功了一半。光是做到這點，父母就算遇到不懂的問題，應該也可以回答出「這個爸爸不太知道耶，我找一下資料再跟你說」的自然反應吧。而不會再像以前那樣，一臉震驚地說「你是從哪邊聽到這種事情的？不要亂問，長大就會懂了！」

其實，在我開始從事性教育之前，也曾經覺得性是非常特別的一件事。所以我明白，想認為「性是一件自然的事」也並非一朝一夕就能改變的。我們可以先從日常生活中找找看跟性有關的事物。性的範圍相當廣泛，也是會經常在日常中接觸到的主題。例如早上起床上廁所、照鏡子化妝、交朋友、談戀愛、煩惱避孕的事情、睡覺的時候勃起等等，這些事全部都跟性有關，甚至看電視時也會感受到「性」的出現，因為大部分的戲劇都跟愛情有關。如果能先意識到日常生活中與性息息相關的事真的很多，「性」就不會以令人措手不及的姿態突然出現。

性教育，該從何時開始？

終於下定決心要進行性教育，也做好萬全的心理準備了，不過，到底該從何時開始？

學校老師或家長們最常問「小孩子年紀還太小，會不會太早接受性教育了呢？」、「小孩什麼都不知道，會不會讓他們產生不必要的好奇心啊？」等許多針對小孩接受性教育時機點的疑問。

在韓國，性教育沒有被納入教育體制[1]，所以沒有相關資訊，可拿來參考的資料也很少，相當令人頭痛，關於該何時開始性教育更是讓很多父母苦惱。但從結論上來看，進行性教育的時機點，是無法訂定一個標準的。

因此有其他性教育單位針對不同年齡層，制定了各階段的適齡性教育。依照孩子的年紀以及平均的性發育程度規劃，讓不同的年齡階段對應不同的教育主題。然而這並不是絕對的，配合孩子有興趣的內容以及發育的程度，進行彈性教育即可。

其實，當孩子對「性」表現出好奇時，就是進行性教育的好時機。舉例來說，有些小孩連月經都還沒來，但如果她問了關於避孕的話題，這時爸媽要因為小孩還不需要避孕，所以不做說明直接跳過這個話題嗎？當然不行。事實上，反而應該開心把握這個難得的機會，並用孩子目前能理解的方式去解釋。

提到小孩性教育的時機點時，很多人都會認為「現在還不是時候」。這是因為大部分的人認為「性」是屬於大人的事；然而實際上，從我們出生的那刻起，就與「性」相遇了，所有人類都是

1 編註：台灣將性相關議題分階段納入十二年國教的「健康與體育」、「綜合活動」與「健康與護理」課程，其中「健康教育」的部分每週僅有一節課，而「性教育」只是其中的章節。

因「性的存在」而誕生的，不論大人或小孩，「性」是屬於所有人的事。

若仔細檢視，在日常生活中父母其實一直在做性教育，例如教孩子怎麼洗澡、教孩子上廁所、挑自己想要的衣服、練習跟父母分床睡覺等等，這些事都是性教育。所以只需要在這之外增加教育內容，並修正較不正確的觀點，就能夠讓父母成為優秀的啟蒙老師。

性教育應該從小學開始

雖然性教育沒有一個絕對的時間點，但最晚也請一定要在小學時期開始。我想，有帶過孩子的人應該都知道，在這個時期孩子們對於性的好奇會急遽上升，而且他們關心的主題跟深度，相比幼稚園時期有相當大的不同。

不只如此，在進入青春期與第二性徵發展時，孩子們對「性」的想望更顯而易見，身邊有的朋友開始談戀愛、有的朋友在意起自己的外表，在這些情況下，性觀念的養成非常必要，無疑是孩子「性價值觀」成形的極重要時期。

在這個時期，孩子也會因為自己的身體開始產生變化，對性會感到更加好奇。不論是關於異性、身體、戀愛、性關係、懷孕、自慰的話題，或是性的影片、書籍等等，對於此時正求知若渴的孩子來說，都充滿吸引力。所以在這個階段，必須給予他們正確觀念並正視他們的好奇心，解開孩子對於性方面的疑惑，提供他們能大方、盡情提問和思考的空間，那他們自然就不會把性當成是羞恥的事情了。

因此，我才認為應該在小學時期就建立起健康的「性價值觀」。所謂健康的性價值觀，就是不將性貼上代表色情、骯髒，或丟臉可恥的標籤，而是用大方自然的態度主動認識「性」，並認知所有性別都是同等的。

自信心與戀愛經驗也跟健康的性價值觀息息相關，不論是現在或是長大成人之後的生活，都會造成不同程度的影響，像是約會、避孕、懷孕、婚後生活等等，在所有跟性有關的領域中，健康的性價值觀都是關鍵要素。

有時候，孩子們看起來好像長大了，然而內心仍然是個尚未成熟的孩子，常常在我們渾然不覺間，陷入苦惱。孩子在成長的過程中，很容易受到同儕的影響，而會進行跟性有關的體驗，比方說聽朋友聊男女朋友，也可能開始接觸成人影片。所以不要總覺得孩子年紀還小，務必在太遲之前就開始進行性教育。當孩子遇到跟性有關的新事物時，就是時候要讓他們認識性了，如果等到孩子長大，已經自己摸索過「性」後才要介入、解釋，甚至想重新賦予意義，是很困難的事。

就算是小學時期，父母也不可能在每個問題發生當下，都陪在他們身邊一一說明，何況是當孩子進入青春期後，他們可能會遇上更複雜、更麻煩的人際關係、情緒反應。

所以，最重要的是讓孩子有獨立思考的能力。透過體貼入微的教育以及日常生活的經驗，讓「平等且正確的性價值觀」成為他們的後盾。

Contents

Lesson 2

青春期的22個解憂指南

Lesson 3 放下性關係的23個偏見

Lesson 4

拒絕性暴力的14條捍衛守則

附錄

LESSON 1

性教育從爸媽開始

「在家開始性教育」可能是一個巨大的變化，但同時也是一種美好的嘗試。雖然困難度不小，但在家裡進行性教育將會形成一股超乎預期的力量。在日常生活中實踐性教育，不僅能改變家庭文化、同儕文化，甚至影響社會。為了產生正向的影響，需要做好足夠準備。在爸媽與孩子開始「性的對話」之前，請記住本章節的11條原則。

01
性教育原則

爸媽們是最適合的性教育啟蒙老師

很多家長光聽到要跟孩子講解關於性這件事，就不免感到憂心忡忡。如果要列出對家長來說壓力最大的談話主題清單，「性」絕對是其中之一。只要提到「性教育」，我們腦中就會瞬間浮現「我有辦法好好教嗎？」的疑慮，也出現了「要教什麼？教到什麼程度？」的煩惱。

很多人都認為性教育很困難，其實只是因為我們從來沒有學過怎麼表達，所以才對這個主題感到陌生害怕；然而，從實際面來看，我們的日常生活中早就已經在執行性教育了——教孩子怎麼上廁所、練習自己洗澡、訓練他們一個人睡覺，還有告訴他們如何表現愛，並且傳達關於身體正面的訊息等等，這些全都是性教育的一環。

此外，雖然大部分的父母未曾學習過教育相關的專業理論，但也都藉由多年來的生命經驗取得了基本認知。不僅如此，家長們還擁有不論教育學家再怎麼專業優秀，都敵不過的一個優勢——沒有比爸媽更了解孩子經歷與特點的人。而任何學派的教育的成效，都無法跟「配合受教對象量身打造」的教育效果相比。所以，請帶著「我就是最適合孩子的性教育家！」的自信心，試著開啟對話吧。只要知道正確資訊和方向，家長絕對是最優秀的性教育啟蒙老師，因為性方面的對話是建立在親密感跟信任感的基礎之上，所以沒有比父母更適合的對象。而且隨著時間流逝、子女成長，我們將不僅僅是孩子的性教育老師，也能成為孩子們最有安全感的朋友。

現在有越來越多的家庭，會在家裡施行過去被認為只屬於專業領域的教養法，像最近熱門的觸覺遊戲、藝術遊戲這一類的領域。如此看來，「性教育」也沒什麼不同！雖然性教育也有需要專家協助的地方，但其實大部分都是在家中就能解決的問題。請試著將家庭性教育，想成子女教養的其中一個環節，並以自己經歷過的事情為基礎，搭配正確資訊，與孩子展開對話。家庭性教育中非常重要的一點是，家長應該要減少對於性教育的壓力，放下過度的擔憂，以自然、放鬆的態度教導孩子，才能讓他們也對性保持著自然、輕鬆的態度。

02 性教育原則

性教育的態度，比內容更重要

「與其煩惱該教什麼，不如煩惱該如何教。」每當有人提出「在性教育中，最重要的事情是什麼？」的問題時，我都是這樣回答的。不光只有性教育如此，所有的教育都是一樣的，態度比內容更重要。

加利福尼亞大學洛杉磯分校心理學系的名譽教授阿爾伯特．梅赫拉比安（Albert Mehrabian）說到，在一段對話當中，「內容」只具有7%的傳達能力，而剩下的93%則是藉由「非語言行為」組成。如果我們自己在面對「性」時覺得很尷尬，那孩子聽我們說話時，也一定會感受到這樣的情緒。當我們在對孩子說明「性愛」時，除了使用的單字以外，眼神、表情、手勢等等的非語言要素，也都會傳達出父母的態度。

一般來說，兒童跟青少年會隨著成長階段的變化，開始對性感到好奇，然後選擇向最親近的大人，也就是父母提出問題，像是「什麼是親親？」、「精子跟卵子是怎麼相遇的？」、「為什麼不可以看A片？」、「做愛是什麼東西啊？爸爸也做過嗎？」，如果面對諸如此類的問題時，我們表現出了負面的神情和態度，那小孩自然就會想說「原來這種話不能問啊」。

久而久之，性方面的對話就會在家中逐漸消失，就算往後想要聊跟性有關的事情，也會變得難以啟齒，因為在不知不覺間，跟性有關的話題已經在家裡成了禁忌。

為了避免這種情況應該要怎麼做呢？只要自己開始改變對於性的態度就好了。我們可以先拿出一張紙，試著寫下對於「性」的想法，在開始性教育之前，先利用這種方式來仔細審視自己對於性的感覺與想法：我們是否認為性是生活中的一個部分呢？會不會覺得自慰是不健康的行為？還是認為月經是一件需要隱瞞的事情呢？是否覺得「做愛」這個詞很尷尬？

在我們自己的生活經驗中，想打開天窗談「性」是很困難的，因為媒體總是用充滿情色、淫亂又神祕的角度來描繪「性」。在這種環境下成長與生活的我們，自然而然會認為面對「性」是一件很尷尬的事。這種尷尬通常會演變成兩種態度：一種是把性隱藏起來，不去正視它；另一種則是把性視為非常神聖的事物。

在第一種情況中，認為性是一種必須要壓抑、隱藏的「麻煩事」，如此一來，性帶來的愉悅、快樂就會被否定，而且被當作是不能碰觸的禁區。

而在第二種情況，很多人認為將性理想化為神聖的事物就是健康的價值觀；然而，把性「理想化」的這種態度，追根究柢也是因為認為性很危險，所以希望把性包裝得很美好、讓人不可隨意靠近。不論哪種想法，終究代表對「性」做出了偏頗的判斷，並沒有太大的差別。

爸媽的首要任務，就是找回自己對性的熟悉感，要熟悉到像談吃飯睡覺一樣輕鬆自在。如果把性當成危險、下流的事情，那最多只能從預防與保護的觀點來開始，而我們都已經知道，這種方式的性教育有多失敗了。若孩子沒辦法在生活中，全面性地認識「性」，而直接學習「性騷擾、性侵害」的知識，孩子也只能得到片面、不完整的概念。

掩人耳目的教育，沒辦法讓我們的孩子安全坦然地面對「性」，如果把性想得很危險，我們哪有辦法找出正確的性教育方向呢？唯有讓性更加自然、生活化，我們才能思考更多跟性相關的事。從現在開始，就是我們該輕鬆自在地談性，並一起建立正確價值觀的時刻了。

當我們回顧自己的日常生活，便會發現許多「性」隱藏於日常之中。月經、戀愛或身體的成長變化，只要因性別而發生的一切就是「性」，不論兩性、跨性別、多元性別，每個人都有「性別」的存在，所以更該更單純地去感受「性」本身才對。

03 性教育原則

每個人都跟「性」有關

我們的生命中，充滿了「性」的存在。剛知道性別的嬰兒、剛脫掉尿布的小孩、經歷了第二性徵的兒童、談起初戀的青少年、經歷了停經的中年人、感受到身體退化的老年人，不論什麼時期，「性」都無所不在。

有時候性會被當成專屬於大人的事。在社會的眼光中，「性」常常從兒童、青少年或是老年人身上被抹滅。也因為這樣的想法太過理所當然，導致我們看到孩子做了跟性有關的舉動時，就會產生「你這小孩怎麼這樣！」的吃驚反應，而發現小孩對性產生興趣時，我們也會擔心會不會太早熟了？

但是，並不能因為年紀還小，就認為孩子是「無性」的存在。當媽媽肚子裡一旦有了小孩，大家最先好奇的就是性別了，所以才會殷殷期盼診斷胎兒性別的日子，光是這樣的想法，就代表一種「性」的存在了，更何況是已經具有思考能力的小朋友呢？

將兒童排除在性之外的這種觀點，會成為跟孩子談性的最大阻礙。因為若不承認孩子是一種性的存在，那便不得不否定跟性有關的所有事情了，不論是談戀愛、對性關係疑惑，還是自慰、月經，都只能以控制跟保護的角度來看待孩子的這一切行為。

面對「性」，該是脫離「保護跟預防」這種切入方式的時候了。爸媽必須先具有「我們的生活無處不存在『性』」，才能減少對性教育的擔憂。畢竟我們沒辦法24小時看管孩子，若為了做不到的事情整天戰戰兢兢，並不是明智的決定，所以不能只是灌輸孩子「不能做這種事」，而是要培養他們自主思考並判斷的能力，要教會他們的，是自由與責任，而非控制跟迴避。

當然，有些父母雖然已經下定了決心，但實踐起來還是會遇到困難，或者內心仍然難以真正接受。如果是這樣的話，不如就先以「有問必答」的態度來面對孩子吧。不需要勉強自己把性教育落實在生活中，但也不要對孩子的疑問表現出抗拒。孩子對「性」感興趣是很正常的事，也是成長必經的課題之一。孩子會對自己跟別人的身體感到好奇並去探索、感受戀愛的情感與性方面的快感，也會針對不公平的社會結構提出問題並關心。這些都是孩子必定會經歷的事情。比起一昧剝奪他們的好奇心跟興趣，解決他們的疑惑和好奇才是更安全的方法之一。

除非會造成其他人的困擾，不然孩子即使有性方面的行動是沒有問題的，而且是很自然的行為。如果發現孩子有不妥當的舉動，比起責罵，他們更需要的是正確的幫助。在開始跟子女談話之前，希望爸媽們可以先省視自己的內心，到底是因為孩子的行為有誤，所以我們才生氣的？還是因為自己對性感到不舒服呢？

我們的孩子擁有「性」，所以他們會對「性」感到有興趣。必須要有這點認知，才能進行妥善的性教育。

04
性教育原則

性教育，全家一起來！

各位認為參加父母教育課程的，通常是爸爸還是媽媽呢？腦中浮現的答案八成是女性吧。沒錯，在進行給父母的教育課程時，大部分只有女性參與，雖然偶爾也會有人問「爸爸可以參加嗎？」但統計下來，平均每30人當中只有1位男性，而這一位也未必會出席。

會把性教育視為媽媽的職責，是因為我們的社會文化強調由女性來擔任照顧者的角色，把家庭教育當成是媽媽的義務。調查結果顯示，女性養育者通常能在生活中面對孩子的同時，知道進行性教育的必要性，但男性養育者卻非如此，大多數爸爸都會想說「長大之後自然就會懂了」。但是，性知識並不會隨著年齡增長就搞懂的議題，任何人都必須要學習面對跟自己的關係、跟別人的關係，以及該如何享受在關係中帶來的性。

「長大就會懂」這句話很不負責任，這等於是認同小孩不需要透過家庭，只要利用搜尋網站或不正確的資訊來學習就好了。抱持這種思考方式而不願參與為父母準備的課程，或是仍認為這只是女性義務的人，現在都該是改變的時候了。所有的養育者都應該要參與家中的性教育，如果讓某一方「專職」負責性教育，那孩子就會感受到性是「非生活化」、「非自然」的話題。

有時候我會聽到像是「兒子的性教育是不是由爸爸來做比較好？」或是「女兒的性教育應該要媽媽來做吧？」的問題。這些問題來自於「同性間比較容易談性」的偏見。然而性方面的對話是無關乎性別的，若由特定的人負責性教育，這樣孩子就會認為某些話題是沒辦法對另一方說的事情，容易留下不自在的印象。

有一次我去參加共同撫育（Co-Parenting）團體的講座，有爸爸媽媽、爺爺奶奶，還有教師們一起參與的性教育。課程結束後，他們決定要在日常生活中實踐性教育。我認為可以在這樣的環境下長大的孩子一定很幸福。因為這些孩子周遭的大人都有著共同的教育目標，而且願意付出實踐，孩子們可以在毫無窒礙、不感到混亂的狀況下，自然而然接受「性教育」。我們可能會想，這樣的家庭教育是一種特別的情況嗎？不是的，其實我們每個人都可以做到。

性教育是持續塑造家庭文化的過程，如果所有家庭成員能一起建構平等且令人安心的家庭氛圍，我們的孩子也會更加信賴家人，願意在家中分享更多關於性的煩惱和想法。

此外，家庭也能成為獲得正確資訊的安全場所，在發生性方面的問題時，可以更快速採取措施並將傷害降到最低。現在，就跟家人一起進行看看吧，當家中全員一同參與性教育時，家庭文化的改變也會跟著開始。

05
性教育原則

用詞正確，觀念才正確

「小雞雞」、「小弟弟」、「妹妹」、「寶貝」、「那玩意」、「那裡」……因為有些人把性想得很困難，所以創造了一些自己專用的代名詞來教小孩，也有人說，這是配合兒童語言成長階段的說法，但真的是這樣嗎？

最近我到幼稚園進行教育講座，發現小朋友真的認識很多恐龍，他們能把我聽過卻沒辦法一次就記住的恐龍名字倒背如流。此外，看看現在的小學生，他們英文程度怎麼會這麼好，比起我小時候真的差太多了。既然孩子們背得出恐龍的名稱、也說得出英文單字，那當然也能輕輕鬆鬆地把「陰莖」、「陰部」記起來才對。

為什麼必須要從小教導孩子正確的用語？因為用代名詞來指稱生殖器，容易讓人對生殖器產生負面的認知，如同把性當成害羞的事情一般，孩子會覺得是因為生殖器是令人不舒服、必須要隱藏的事物，所以大人才要幫它取一個代號。

如果真的認為生殖器是很珍貴的器官，那就請把正確的稱呼跟功能介紹給孩子，並且教他們怎麼去珍惜。請用對待其他身體器官的方式，同樣來對待生殖器，因為眼睛、鼻子、嘴巴、陰部、陰莖、陰囊，這些都是身體寶貴的一部分。

可能有人會擔心，如果教小孩認識性器官正式的名稱與功能，會不會讓孩子覺得，可以隨意和其他人談生殖器，甚至裸露給別人看？事實上，這完全是兩回事。如果孩子做出「隨便跟他人聊私處、裸露生殖器」的行為，背後原因是孩子不明白人與人之間的「界線」，所以若希望孩子舉止有禮貌，該讓孩子學習的是「尊重」，並不是「性器官很羞恥」的錯誤觀念。

除了性器官會被隱藏起來，用不同方式來表達之外，同樣情況還有「那個來」、「大姨媽」等用詞，把月經搞得神秘兮兮。月經是世界上將近一半的人類會有的生理現象，是件非常自然的事。然而大家不會去聊月經，也盡量不讓人發現「那個來」。甚至跟月經有關的生理用品「衛生棉」也失去了名字，常常用「那個」，「蘋果麵包」來稱呼，這些微小的習慣，都是讓我們沒辦法用堂堂正正的眼光看待「性」的原因。但是，良好的性教育，應當從正確表達「性」開始才對。

06
性教育原則

在「性」之前，人人平等

「平等」是性教育的必備條件，性教育的目的，是為了讓孩子能夠以安全舒適的觀點面對「性」。在不平等的關係裡，人沒辦法自由表達自己的感受。以戀愛關係為例，若某一方在「性」方面採取強硬的態度，另一方就必須經常看對方臉色，或是配合對方，甚至演變成控制、暴力等情形，離安全舒適的「性關係」越來越遠。

請為孩子培養出平等的觀念，這是為了讓孩子能享受「性」，並了解舒適自在的「性」是什麼模樣。在日常生活中我們常常會用「因為是女生嘛～」、或「因為是男生嘛～」來當開場白，這種話會助長性別刻板印象，也會讓人下意識順從社會的不公平。生活中，不論是女生還是男生，都應該處於平等的立足點。

帶有性別刻板印象的教育，非常容易剝奪女兒的主體性，也會在無意間助長兒子的暴力。請幫助孩子不要受到「性別」的束縛，而是自由處在公平的「性」之中。

各位的家中是什麼樣的氣氛呢？我曾經請學生寫下聽過帶有性別歧視的言論，會出現「女孩子房間怎麼這樣子啊？」、「女生不要大半夜才回來。」、「做男生的要有點自信啊！」或是「男生就是要運動啊」令人驚訝的是，到現在還會聽到在我們父母那個年代常出現的那些話，像是「男兒有淚不輕彈，男人一輩子只能哭三次[1]」、「女生就是要文靜端莊」、「女生就是要找個好婆家」等等這類的話。

想想看，家裡是不是仍然充斥著許多性歧視發言呢？是不是有些事情兒子做沒關係，但女兒做就不行？或是請思考看看有沒有相反的狀況。在開始教育孩子之前，我們都應該先花時間去檢視自己的觀念與家庭生活，是否處於性別平等的狀態。

過去的性教育經常充滿歧視，就目前情況看來，社會上的性別歧視陋習尚存。舉例來說，有些人預防性暴力的認知，還是停留在「女生自己要小心」的觀念，這是非常離譜又失敗的教育，我們千萬不能重蹈覆轍。

「性別平等」是一種理所當然的意識形態，更早已是世界潮流。從法律、體制還有媒體，都正在發生重大轉變。我們的孩子在觀念逐漸翻轉的社會中成長，比起已經長大成人的我們，對於「平等」將更有共感。所以在說明「性」時，不可以漏掉平等的觀點。這是不管對個人幸福，還有社會安全都會產生影響的重要因素。

---

1 譯註：韓國俗語，男生第一次哭是出生時、第二次哭是父母過世時、第三次哭是亡國時。

07 性教育原則

給孩子「剛剛好」的性教育

此時此刻，各位有辦法對子女說明性愛是什麼嗎？如果家裡有就讀小學的孩子，應該對這樣的問題不陌生，就是——「我是怎麼來的啊？」其實這個問題比想像中還要容易回答，只要運用精子跟卵子來說明就好了，可以從生物學的角度來解釋，不算太難。

但通常都會緊接著這個問題——「那精子跟卵子是怎麼相遇的啊？」困難是從這裡開始的，爸媽們常常不知道怎麼回答而覺得尷尬，情急之下就會出現從垃圾桶撿來的、從石頭蹦出來的，或是送子鳥、註生娘娘的故事。

前面有提過，要帶著舒坦的心情面對「性」並停止判斷「性」的價值，才能讓性變得輕鬆自在。回到前面提的例子。

在很多人的觀念中，「性愛」是一種情色的、只有大人才能做的事情，雖然不一定會直接用言語形容，但卻蘊含著負面、害羞的意思。如果用這種方式去判斷「性」的價值，就會傳達錯誤的資訊給我們的孩子。但「性」不是我們想隱藏就藏得了，必須要坦蕩蕩地進行性教育。

可是，到底該怎麼說明清楚呢？有時候也會有些家長心想要做好性教育，而被這種決心影響，反而說了其他無關痛癢的內容。如果不曉得應該怎麼說？要說到哪種程度的話，那就用孩子目前能理解的語言，去配合說明就好了。這時候也需要考量子女的年齡與發育階段，解釋現在對孩子而言必要的部分，以及對孩子所好奇的內容來進行性教育。

舉例來說，對於迎接到青春期、準備面對第一次月經的女兒來說，就沒有必要說明停經的症狀跟不便之處。像是青春期是怎樣的時期？孩子想怎麼度過這時期？所謂的初潮是什麼？應該要為了月經做什麼準備等等，還有很多更重要的話題可以談。配合孩子的發育程度提供必要資訊，就是最恰當的性教育。

或是小孩問了跟生孩子有關的事情，也不需要用「你知道媽媽生你的時候有多辛苦嗎？」這種話來灌輸小孩生孩子有多恐怖，藉此嚇阻他們。當然，反過來過度美化懷孕、生孩子的過程也不太正確。

在家中進行性教育時，首要任務是滿足孩子的好奇心。在這之後也要留意孩子的反應，看他們有沒有更多好奇的地方，或是會不會對於新知識感到慌張？主動去確認孩子是否有需要我們更多協助的地方。

08
性教育原則

讓「性」成為對話日常！

平常沒有跟孩子聊性話題的習慣，突然間要開始進行性教育的話，不論是孩子還是父母都會覺得壓力很大，有一種沒敲門就突然被闖進來的唐突感。希望孩子願意對父母提出性方面的問題，或是傾吐自己的煩惱，親子之間平常就要有相關的對話經驗。

在日常生活中經常談論性，對於建立孩子的性價值觀有很大的幫助。在安心的空間中、與信賴的對象聊性方面的話題，有助於建立對性的安全感與正面的認知。如果一個人遇到性方面的疑問時，能隨時有人可以討論，也知道問題可以被解決的話，就不會將性和危險、尷尬畫上等號。

先從簡單的部分開始吧。舉例來說，安排家庭活動時需要考慮到媽媽的經期，這不是只有媽媽需要掌握的狀況，而是家人間能一起討論的事情。另外，跟孩子聊聊小時候談戀愛的經驗也不錯，孩子可以間接瞭解戀愛是多麼自然的一回事，而且能感受到豐富的情感。

逐漸累積起性方面的談話習慣後，剛開始感到比較難開口的夢遺、性愛等話題，也漸漸能順利聊開。透過和孩子分享爸爸第一次夢遺、媽媽面對初經的經驗，他們也就可以藉機思考自己要怎麼做準備。可以先試著從比較輕鬆的話題開始，例如在青春期時曾經碰過的外在困擾、跟朋友的人際關係、談戀愛時的煩惱等等，隨著時間過去，累積起信賴感、親密感、自在感，那時就能更深入且自然談論關於避孕跟性慾的事了。

許多青少年是透過性方面的影音書籍（色情書刊、網絡影片）來學習性愛。但是非法傳播的媒體通常只把性愛視作一種肉體歡愉的工具而已，如果孩子能在透過色情影片理解性愛之前，先在家中學習到正確性知識，那就太好了。若透過跟父母之間的對話獲得平等且安全的認知，孩子在未來面對性愛時，也會因為對這件事產生的感情與身體改變有了心理準備，不會驚慌失措。

與其突如其來聊起性愛這件事，不如先從孩子感興趣的主題開始，稍微聽聽看他們想談的內容吧。累積了許多對話，且在雙方都覺得自在的狀況下，就能毫不猶豫地聊起任何想聊的、必要的話題了。

09 性教育原則

談話時，請尊重孩子的情緒

性，不光意味著肉體，也跟我們的情緒有著緊密關連。所以常常在聊到性的話題時，我們會感受到或是直接表現出情緒，有時候這會被視為不恰當的反應，或是被忽略跳過。

在家裡的性教育對話中，父母與孩子的情緒都很重要，有的時候表達方式跟接收的情緒會左右對話的結果。有一個家庭在首度嘗試性對談時，父母一開頭就說要來聊聊性方面的話題，但孩子卻認為「很丟臉耶，不要問這種事情啦」，接著父母就說「性不是什麼很丟臉的事情」抓著孩子開始說明。而這之後造成的結果，大家應該也能想像得到吧？

不論內容再怎麼完整、立意如何良善，也請絕對不要忽略孩子的感受，因為我們不可能透過訓斥來改變孩子的情緒或想法。

針對孩子產生情緒原因追根究柢，也不一定是個好方法。雖然有人會認為，問「為什麼這樣覺得呢？」這種方式具教育性質，可以達到好的互動，但如果詢問的問題太著重於情感，會讓孩子對於本身產生的情緒感到質疑，變得更難以表達。

情緒不需要理論的根據，所有情緒都有值得去感受的一面。請把「也是會有這種狀況」當成咒語一樣背起來，就算沒辦法徹底理解對方，也可以用「也是會有這種狀況」來表示同理。接著，以客觀的角度，把孩子的情緒當成情緒本身來接納跟整理，再協助孩子表達就可以了，像是「啊，原來是因為突然提出這方面的話題，你才覺得很尷尬啊。」這一句話當成開啟下一段對話的契機。

另外，在性教育中，爸媽的情緒也同樣重要。很多人在養育子女的過程中時常壓抑自己的情緒，但不論是覺得孩子的肢體接觸帶來負擔，或是對孩子的提問感到慌張時，都請爸媽們如實表達出來吧，例如「嗯……這個問題不太好回答耶，媽媽有點慌張，給我思考的時間吧，還是我們一起找出答案呢？」

在性教育當中，爸媽誠實的表達出自己的情緒會產生更好的互動。像是「對啊，爸爸第一次夢遺的時候，也覺得很害羞呢，不過想了一想，大家都會這樣嘛，是很自然的事情，之後也沒怎樣啊。」像這種把自己的經驗跟情緒混合在一起的對話，更能吸引孩子的注意力。

10 性教育原則

性教育第一步：「劃清界線」

我們一起來想像一個場景：如果你進到捷運車廂中，發現位子都是空著的，你會坐在哪個位子上呢？我想應該很多人會選擇靠邊的位子。我們問了青少年同樣的問題，發現他們也偏好最角落的位子，「就算只有一邊沒人也好」、「可以靠著」、「位子更寬更舒服」大部份是這種回答。這也就顯示，在我們身上存在著無形的界線。

所有人打從出生的那刻起，就帶著心理上、生理上的「個人邊界」（Personal Boundary）。就算不需要口頭表達，但不論誰都有對於界線的概念。生理上的界線顧名思義就是「自己身體的界線」，像是不熟的人靠得很近時會感到排斥，或在未經允許下被觸摸到身體會覺得不舒服，這些都是因為身體的界線才感受到的情緒。

那心理上的界線是什麼呢？在不侵犯身體界線的狀況下，也可能會侵犯到心理上的界線。例如盯著別人身體看的視線、評論外表的言詞、侵犯個人隱私的問題等等。

為什麼在性教育當中，「界線」如此重要呢？

首先，親子間的相處應為「人與人之間」的關係，而非「孩子與父母之間」的關係。如果把孩子視為需要被管教、不成熟的存在，由我們（或是其他大人）來決定他們的界線，如此一來，小孩就會很難確立自己的情緒以及對於界線的概念。

舉個每個人可能都發生過的狀況。小時候逢年過節時，大家有沒有被親戚長輩強迫撒嬌或肢體接觸的經驗？腦中有浮現「阿姨要走啦，親一下！」但小孩搖頭或是躲到後面的畫面嗎？這種時候身邊的大人會表現出什麼樣的態度呢？有可能會說出「阿姨很疼你耶」、「親一下就送妳禮物」這樣的話吧。儘管孩子已經表達出界線了，但大人還是會因為是「小朋友」而沒給予應有的尊重。在家中的性教育裡，「尊重界線」跟年紀或社會地位無關，而是做為一個「人」所該得到的尊重。

第二點，界線能培養孩子對危險狀況的感知能力，具備察覺被侵犯的敏感度。如果孩子的自我界線都被我們否定了，這樣當往後他人侵犯界線時，孩子也會難以察覺，或是覺得「這很正常吧」而帶過。但正因為這種想法，可能演變成無法自我保護、無法拒絕性暴力的狀況。

不只是家長，所有共同生活的家人都應該一起尊重彼此界線。我們要擺脫把孩子當成所有物的文化，一起打造出互相尊重的社會氛圍。我們的努力能讓子女更懂得保護身體自主權，以及瞭解如何尊重自己跟關心他人。

11 性教育原則

必要時，請尋求專家的幫助

不論是再怎麼優秀的父母，也很難回答出所有性方面的提問，更不可能獨立解決所有性造成的麻煩，尤其是需要立即處理的緊急狀況，所以，才會有專家的存在。性教育機構、性暴力防治中心、諮商中心等，有很多地方可以尋求協助。

不要勉強自己獨自解決所有的問題，需要時就請求協助吧。有些人會把小孩在性方面產生的疑問當成小事，回答不出來也不在意或忘了，但孩子們直到問題被解決為止，都會保持好奇的狀態，所以千萬不要掉以輕心。請求專家協助後，就算遲了也還是要幫孩子解答。當孩子遇到性方面的困擾時更是如此，務必找合適的專家諮詢。特別是有的父母在發現孩子遭受同儕的性暴力時，會用「小時候這樣很正常」的想法草率帶過。

如果我們不希望同樣的問題反覆發生，就必須在當下釐清狀況，也要進行必要的諮商與治療。這之中當然有許多無法靠自己處理的問題。小時候所建立的性價值觀會難以動搖，所以為了避免孩子長大後要花更多力氣矯正，請爸媽們不要猶豫，找專家幫忙吧。

LESSON 2
青春期的22個解憂指南

在這個章節，會針對青春期仔細地說明。對於孩子尚在小學階段的家長來說，即將到來的青春期是令人有點害怕又苦惱的主題。雖說是重要的時期，但很多人因為不知道該如何應對而感到很為難。透過這章節的內容，我們會瞭解到青春期的孩子可能出現的狀況以及這時期的性教育方法，同時也改變我們對青春期的想法與理解。

01
青春期

青春期不是叛逆期

「只要我生氣或回應比較負面，就會被說『你青春期嗎？』」——學生，12歲

「真希望青春期不要來。我爸媽說青春期有可能不會來，然後直接跳過這個階段耶！要是青春期來的話感覺會很累嘛。」——學生，11歲

「你怎麼會這樣啊？你青春期嗎？」——五年級班導

要怎麼知道孩子已經進入青春期呢？我曾經在教育現場問了這個問題，也得到了許多有趣答案，像是「開始整天戴耳機的時候」、「開始鎖房門的那一刻」、「再也不聽我的話，有自己意見的瞬間」大家也是用這樣的方法來察覺子女的青春期嗎？我聽到這些答案後有些驚訝，因為這些對家長來說困擾的行為，其實都反映出孩子的心理狀態正在逐漸成熟。

這些答案的共通點，就是孩子開始產生了「自己專屬領域的界線」。在這之前的成長過程，都是透過爸媽的眼光來認識世界，而現在則是尋找自己獨立觀察世界的方法，所以才會為了劃出界線而戴上耳機、關上房門。在這個時期中，孩子們會試圖從目前為止緊密連結的親子關係中，

把自己的空間、自己的時間、自己的想法分離出來，並不斷建立界線。這個過程是為了達到心理上的獨立而發展的初步階段，也是青少年轉變成熟而必然發生的課題。

青春期是身心一起變化的時期，也就是生理開始成長與心理逐漸成熟的時期。身體的變化顯而易見，所以我們很容易察覺；然而心靈卻很難用肉眼發現，需要花比較多的時間去了解。

在孩子上了小學後，一想到青春期即將來到，家裡是不是充滿了緊張的氣氛？哪怕只有一點希望，也會一邊期待能「無聲無息」把青春期送走，一邊翻閱相關的書籍尋求慰藉。不論是即將面臨青春期的小學生，還是父母和老師，都把青春期當成不定時炸彈，不知道什麼時候會引爆所以提心吊膽。而實際上去問小學生，提到「青春期」會想到什麼，得到最多的答案就是「叛逆」，那我們聯想到的會是什麼呢？

腦中是否浮現了大呼小叫地反抗、用力摔門、徬徨無助的模樣，這都是媒體灌輸給我們的青春期典型形象，我們甚至會用「中二病」來稱呼它。雖然也可以當作玩笑而一笑置之，但試想，這樣的稱呼真的沒問題嗎？

語言會形塑文化，並且是文化的發言人，若把青春期當成像疾病一樣來看待，這種文化與其說是理解青少年，反而更像是一邊說著「你就是青春期嘛」，一邊關上交流之門。

其實，青春期的代名詞「叛逆」，會隨著人們看待的觀點而有所不同。叛逆的意思也可以理解成「反對並抵抗其他人」，如此我們可以更理解青春期，也可以了解到我們應該對「叛逆」具備何種態度。

就像我前面提到的，青春期是劃下專屬於自己的界線，並且在心理方面練習獨立的時期，也是在形成「我」這個獨立個人的本質。在這個過程當中，當然會發生和我們意見相左的狀況；這時候如果我們把孩子當成獨立的個體而非控制的對象，明白孩子和大人一樣，是一個有自我想法的存在，那所謂的叛逆就不再是叛逆，孩子只是在表達不同的意見而已。

從大人的角度來看，處於這個階段時，原本乖巧的孩子會變得不願意按照父母的意思行動，所以青春期被當成像疾病一樣的麻煩事。但我們要知道，每件事的觀點本來就會隨著主體不同而有所變化，現在是時候給孩子留點空間了，不要總是習慣由家長來計畫和控制孩子的生活，青春期就是「練習獨立」的時期，所以學習讓孩子嘗試自己做選擇吧！

02
青春期

青春期的心理變化

「孩子最近進入青春期，我才講幾句話他就生氣、鬧彆扭，真的不是蓋的。我現在每天都要看孩子的臉色啊。」——12歲孩子的爸媽

「我會突然覺得很煩、又突然覺得很難過，明明跟朋友聊天時很開心，回到家卻莫名其妙的生氣，媽媽會看著我說『你青春期啊？』說我很奇怪，有時候我也覺得我好像很奇怪。」——學生，六年級

電影《腦筋急轉彎》（Inside Out）充分表現了青少年進入青春期的心理變化。在電影中出現了樂樂、憂憂、驚驚、怒怒跟厭厭五個角色，他們扮演了五種情緒，並幫助主角萊莉能健康成長。舉例來說，在電影裡當主角萊莉面對第一次品嘗的食物時，厭厭會出現讓她提高警覺；然後當萊莉在進行危險舉動時，驚驚會啟動害怕的感覺使她停止行動。

我們通常會認為開心、幸福、愛是正面的情緒，然後把恐懼、悲傷、憂鬱、嫌棄當成是負面情緒。但其實情緒沒有所謂的對錯好壞，單純只是我們的感受，還有在事情發生的瞬間產生的必

要感覺而已。事實上，所有的情緒對我們來說都具有意義。

心理學家保羅・艾克曼（Paul Ekman）把人類的基本情緒分類為快樂、悲傷、憤怒、恐懼、驚訝、厭惡總共六種，跟電影《腦筋急轉彎》中出現的情緒很類似。我們都是帶著這六種基本情緒誕生，接著在進入青春期之後，逐漸遇到各種情緒混合在一起而產生的新情緒，這個被稱為「複合情緒」。

我們回顧自己的青春期，一定也有心情起伏很激烈的日子，或是因為難以形容的情緒而飽受煎熬的時期，了解到「喜歡」跟「愛」有何不同，也體會到像是又喜歡又討厭的這種複雜感受。舉例來說，「歡喜冤家」這個詞彙，意思就是喜愛與厭恨並存的一段關係。要對小朋友說明這種複雜的關係並不容易，但如果是在青少年時期，因為孩子的情感逐漸變得成熟，也已經感受過複合情緒，此時再來跟孩子解釋就會更容易明白。

在青少年時期感受到許多情緒是極為自然的過程，然而，適當表達出自己所感受到的情緒，卻並不容易，需要不斷的練習與經歷。當孩子在練習成熟表達出情緒與想法時，父母則要練習耐心等待。為了讓等待不這麼難熬，建議不要把青春期當成叛逆期，而是想成「成長期」。請不要預先將青春期污名化，而是告訴孩子們，在這段時期，他們可能會感覺到相當多情緒，有時候也會遇到難以用言語說明的狀況，目的是不讓孩子去質疑感受到的情緒，認為這些是不正常、不正確的反應。

可以先介紹各種跟情緒相關的單字作為切入點，或是示範表達情緒的方式也是不錯的作法。不過，比起「特別」說明單字，還不如在日常對話中就開始使用各種跟情緒有關的字眼。

能察覺到自己所感受的情緒，是一件很重要的事。如果不把情緒當一回事而一昧壓抑，就會搞不清楚為什麼在某個當下會生氣，或為什麼會放聲大哭。如果想要控制情緒，並學會用健康的方式表達，首先就必須要先接受和認識情緒。不論是大人或是孩子，都可以試著透過「情感日記」來回顧自己的一整天，並寫下當時的情緒，如此一來，就會大量運用到跟情緒相關的單字，然後再進一步練習找到自己滿意的表達方式。

正常情況下，已經受過許多情緒洗禮的大人，在面對自己的心情起伏時，通常比較知道該如何排解。每個人都有適合自己的抒發方式，以我來說，覺得憂鬱或心情很複雜的時候，我會想去看展覽，因為這可以幫助我整理思緒並找出這些情緒的原因，甚至有時候我會找朋友一起去看藝文展，然後試著分享我的情緒。

其實，在日常生活中透過經驗學習，就是最好的教育方式。也非常建議各位跟孩子分享你們抒發情緒的作法——「今天爸爸的心情有點低落，我想去散散步轉換一下心情，你要不要一起去？」像這樣提議看看，讓孩子從互動中學到，「情緒」能透過許多方式排解和表達。

03
青春期

青春期的身體大不同

「我想要跟孩子說明青春期的轉變，但不知道該怎麼說。」——9歲孩子的爸媽

「應該要在什麼時候教他們認識身體的變化呢？」——10歲孩子的爸媽

青春期教育可說是初步性教育中最重要的內容，如果孩子在毫無準備的狀況下面臨身體的劇烈變化，肯定會很慌張，而且也難以正面看待、反應自己身體產生的變化，所以最好可以在青春期之前就帶孩子了解發育的過程。

平均來說，小朋友在五、六年級時會經歷第二性徵，例如女孩的第一次月經、男孩有射精反應等等，這是因為性荷爾蒙開始分泌導致身體有所變化。因此，至少要在發生這些情形的前一年就開始進行青春期的身體教育。女孩在初經之前的六個月到一年，通常會開始產生陰道分泌物，可以藉此來觀察孩子的發育狀態。或是雖然還沒出現月經或射精的情形，但孩子突然快速長高，那也能視為一種青春期即將來臨的象徵。

帶孩子認識生理的轉變，能灌輸孩子對於身體變化的正向看法與期待感。在說明身體構造

時，可以運用類似繪圖的圖像資料輔助，雖然少數的性教育學者主張可以跟孩子一起洗澡，並一邊說明，但我認為這並不是能「尊重個人界線」的好方法，因為與其把自己的身體當成教材使用，不如運用媒體資料解說更妥當。

話說回來，應該要說明哪些部分？又應該要如何解釋呢？首先，從能明顯觀察到的身高跟體重出發會比較容易，如果稍微帶入自身經驗來說明，也能讓對話變得較有趣。像是「進入青春期後身體會開始變得不一樣，這種變化很驚人，媽媽跟爸爸都有經歷過一下子長好高、肌肉也跟著增加，而且為了保護我們長大的身體，脂肪會變多，所以體重也會變重。每個人都不知道身體會從什麼時候開始不一樣，但我們可以在等待的時候先做好心理準備！而且很神奇喔，每個人發育的順序都不一樣，我們的身體會按照自己的想法改變，所以一定要關心自己的身體喔！」

如果想讓孩子知道身體的變化是很自然的一種成長過程，不妨從現在開始向他仔細說明身上即將產生的轉變。

青春痘

首先來看在臉上會發生的變化。我們應該一下就能聯想到——「青春痘」！在青春期，皮脂腺跟汗腺會變得活躍，在皮膚下的皮脂腺會努力地製造皮脂，且想把皮脂跟汗水一起排出去。此時若能把油脂順利分泌出去的話就沒事，但如果毛孔被油脂堵塞住，膚況也會因此受到影響，出現所謂的「青春痘」。另外，荷爾蒙失調也是導致青春痘的一個原因，因此大部份的青春痘也會隨著青春期結束而消失。

大部分的人對於青春痘都抱有負面觀感，而且十分擔心。因為許多人對於「長青春痘」的既定想法都是「沒有保養」、「不太洗臉」才會有的問題；這裡一定要說明，青春痘並非都是衛生問題，而是成長過程中自然產生的現象，而且也需要讓孩子知道，不可以把別人身體上的狀況當成笑柄，或是當作一種評論的標準，在身體教育中也是一樣，「懂得尊重」永遠是最重要的部分。

面對青春痘的問題，我建議讓孩子使用低刺激的天然肥皂洗臉，也務必提醒他們不去擠壓、不摳痘痘，避免產生痘疤，並透過跟孩子聊天了解狀況，必要時可以帶孩子看皮膚科，尋求專業建議。另外，我們可以這麼說明——「身體為了避免皮膚乾燥，所以會分泌『皮脂』這種東西。進入青春期之後，皮脂腺會比平常更努力運作，如果不小心堵住皮膚呼吸的毛孔，或是有細菌跑進去，就可能會冒痘痘。所以睡覺前後仔細洗臉很重要喔！還有，用手去擠的話會更嚴重，所以不要管它，它會自動消失。如果你覺得很煩或很痛的話跟爸媽說，我們一起去找醫生幫忙！」

流汗／體味

「一進到小孩的房間就覺得味道很重。因為是男孩子的關係嗎？就算讓空氣流通了，還是有一股特殊氣味。」——11歲孩子的爸媽

「小孩也不常運動，但頭上的味道就是……我很擔心小孩會不會因此被嘲笑。」——12歲孩子的爸媽

我記得我高中的時候是搭社區公車上下學的，在上學途中，公車會先接女校的女同學，然後才停靠男校。我還記得有次因為上車的男學生體味很嚴重，我整趟路上都沒辦法好好呼吸，直到下公車後才能大口大口地換氣。

青春期的其中一個身體變化，就是汗水分泌旺盛與體味變重。我們身體的每一處都有無數的汗腺，而在第二性徵發展時，汗腺會更加活躍，所以體味也會變明顯。特別是在生殖器附近以及腋下周圍，很容易散發出強烈的味道，且不論性別都會產生這種現象。

如果很在意體味的話，建議在結束體能活動後先沖澡，也可以藉由體香劑之類的產品來改善。不過，要在學校沖洗並不方便，也沒有空檔能換衣服。

「學校設備跟課堂間的設計，是否有配合青少年時期的狀況來設計呢？」我們也可以提出像這樣的問題。好，就以現實狀況來解決的話，如果難以盥洗，用香氛濕紙巾或爽身粉濕巾來擦拭容

易出汗的部位也是一種做法。

跟孩子說明時也可以這麼說：「我們身體的每一處都有『汗腺』的存在，它們的功用是調節體溫，對我們的身體有好處。有的人會因為汗味的關係而煩惱，所以可以常洗澡，如果沒辦法洗澡，可以用濕紙巾擦身體也很有幫助！每個人的出汗量或散發出來的味道都不一樣，如果把發生在身上的自然現象當成笑話，是很不尊重別人的行為喔。如果有其他朋友不知道這些方法，你也可以這樣跟朋友說。」

變聲期

我們常常把嗓音的變化當成男孩的第二性徵，不過這是所有性別都會遇到的事情。聲帶一旦受到傷害就無法恢復，所以保養喉嚨是在變聲期時很重要的事情。

變聲期間短的話是兩週，長的話則也有可能好幾年。如果嗓音不一樣了，或是講話變得沙啞，很有可能表示已經進入變聲期。然而，女孩子的狀況通常比較不明顯，偶爾也會有像得了感冒一樣喉嚨不舒服、疼痛、乾咳等的輕微症狀出現後就度過了變聲期。

如果發現進入了所謂的變聲期，就要減少使用聲帶。睡覺之前用毛巾包住喉嚨，溫暖地保護喉嚨，也要多喝水，如果長時間用過大的音量講話，可能導致聲帶受傷，必須特別注意。

度過變聲期的同時，喉嚨也會產生其他變化，最明顯的就是喉嚨上的軟骨會突出來，出現所

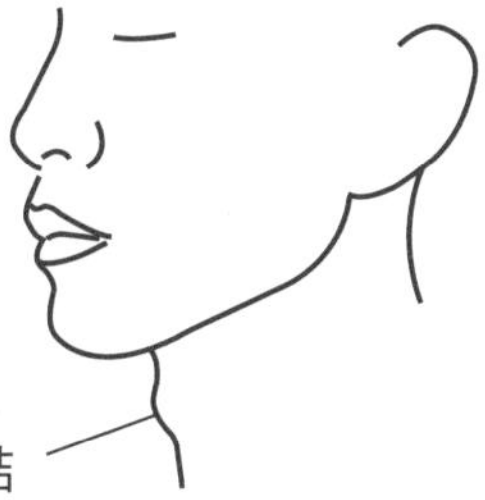

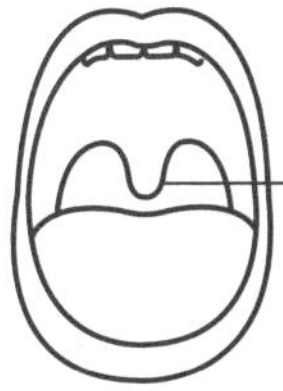

謂的「喉結」。大家也可能會聽過用「懸雍垂[1]」來代表喉結。但懸雍垂其實是你在喊「啊~」嘴巴張開時，懸掛在嘴巴內側上方的鐘型器官，兩者不同部位。

喉軟骨跟性別無關，可能會突出來也可能不會，每個人都不一樣，也會隨著聲音高低而影響。一般來說如果發出比較低的嗓音，那喉結就會突出來。在說明變聲期跟喉結時有一點很重要，就是這跟性別無關、每個人都會出現不同的差異。

我們可以這樣說：「身體在變化的同時嗓音也會改變，有的人聲音會變細、有的人聲音變厚實、有的人聲音變低。我們把聲音改變的這個時期稱為『變聲期』，不過每個人在變聲期時所出現的變化都有點不一樣。進入變聲期，就代表身體已經做好準備要來打造自己的嗓音，所以要保護喉嚨，常常喝水，保持喉嚨暖暖的。最重要的是盡可能不要大聲喊叫，以免導致喉嚨痛。」

1 譯註：韓國人一般會用「懸雍垂」來指稱喉結跟懸雍垂兩個部位，故作者於此處說明兩者不同，並糾正稱呼。

乳房發育

女孩二次性徵中最明顯可見的變化就是乳房發育。並不是只能由媽媽進行女兒的性教育，所以如果先請媽媽回想自己小時候的經歷，並與爸爸分享後，雙方再一起跟孩子討論也很不錯。

就我的經驗來說，我開始關心起胸部，是因為乳房跟乳頭周圍癢癢的。除此之外，碰到衣服的時候胸部也會痛，而且曾經因為脹痛感，所以體育課的時候不想做暖身運動，這種現象跟胸部大小無關，是任何發育中的乳房都會遇到的狀況。大家也可以回想看看自己當時的情況。

乳房發育會經歷幾個代表性的階段。在青春期之前，乳房會維持平坦的模樣，胸部跟肚子幾乎連在一起沒有隔開。但進入青春期後，就會開始摸到乳房的硬塊（乳蕾），乳暈周圍跟乳頭稍微變突出，這個變化就代表乳房開始發育了，發育期的胸部也會產生癢癢痛痛的感覺。另外，在初經前的1～2年，乳暈的顏色會變深、變明顯。

這個時期可以透過跟孩子聊天來選擇內衣。一開始胸部還不突出，比起兒童用的運動內衣，更建議讓她們穿能防止摩擦癢痛的棉質無袖背心，雖然只有些微差別卻很有幫助。之後乳房脂肪開始增加，就會形成圓丘型的隆起，一開始看起來尖尖的，之後隨著乳腺組織完全發育而形成圓潤的樣子。有些人乳頭也有可能不會完全突出來，但這個不是什麼大問題。

如果乳房的模樣已經成形到一定的程度，就要開始跟孩子聊聊關於內衣的事情了。對成長中的青少年來說，內衣未必會帶來完全正面的影響，有一些地方是需要跟孩子一起思考的，這部分內容將在後段仔細說明。

青少年會在經歷變化的同時觀察自己的身體，所以他們也經常提出一些我們沒想過的疑問，以下整理出幾個相關問題。

※乳頭周圍有顆粒狀的東西！

各位有沒有仔細觀察過乳房呢？其實乳頭長得比想像中還要神祕喔。胸部大致上來說分成三個部分，包含乳房、正中間顏色較深的圓形乳暈，以及在乳暈中間突起來的的乳頭。每個人的乳房、乳暈與乳頭的大小、顏色和位置也都各有不同。

仔細看乳暈的話，就會發現有凹凸不平的的突起小顆粒，這個是自然現象，不需要特別在意。接下來請仔細看看乳頭，會發現乳頭並不光滑，而是由細小的縫隙跟開口構成，這是乳房流出分泌物的通道，有時候可能會發現凝固的白色分泌物，這個則是為了清潔乳房內部的乳腺管而排出的液體，所以跟懷孕無關，也是任何人都會發生的自然現象。

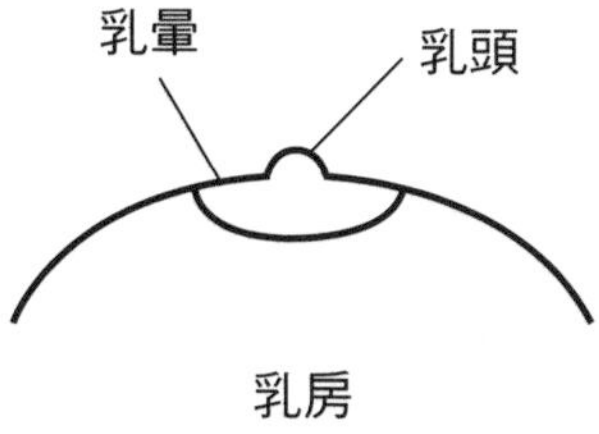

※顏色會漸漸不一樣耶，只有我這樣嗎？

每個人的乳暈顏色都不一樣，小朋友的乳暈一般來說跟自己本身的膚色不會有太大差異，但隨著進入青春期，乳暈會逐漸變成不同的顏色，有可能是深咖啡色、淺橘色、粉紅色或近似於黑色的古銅色等等，有非常多種。所以乳暈的顏色沒有標準答案，而是在我們出生時就被ＤＮＡ決定好的。記得跟孩子說明乳暈的顏色代表了屬於自己的獨到之處，並沒有好壞的分別。

※雖然是男生，但胸部也變大了？

進入青春期後，男性青少年也會有乳房發育的情形，有時會聽到他們訴苦說乳房跟乳頭變大了或乳房很痛，有時候還會形成小圓丘一樣的胸部，也憂慮自己變成「跟女生一樣的乳房」，或是擔心罹患乳癌。

但這其實是在青春期滿常發生的現象，大概有一半左右的男孩會遇到。一般而言，大多數的原因是荷爾蒙失調與體重過重，只要調整飲食跟做好健康管理，基本上這種狀況很快就會自然消失，短的話幾個月，最多也會在兩年內回復正常。

然而有一些狀況必須要去醫院檢查，像是如果乳頭上流出分泌物、乳房周圍有硬硬的結塊而且孩子覺得很痛，或胸部與腋下相連的淋巴腺腫脹，就有可能是乳癌的徵兆，最好儘速就醫。

生殖器變化

進入青春期後，女性的陰部與男性的陰莖都會有所變化，包含尺寸與顏色的改變，就像乳暈的顏色會受到黑色素的影響，產生每個人獨有的顏色，生殖器的顏色跟其他部位相比也會相對變得更深。

有個傳聞是，如果經常發生性關係或是太常自慰的話，顏色就會變得更深。如果有先幫孩子進行了性教育，聽到這種「傳聞」時，就更可以輕鬆告知他們這是「不正確的資訊」。

還有生殖器的周圍會開始長出陰毛，陰毛的量跟模樣也是因人而異，通常陰毛會捲捲的，顏色跟髮色可能會不太一樣。陰毛生長時可能會導致陰部發癢，可以事先跟孩子說明，並提醒他們不能在公共場合抓癢、觸摸生殖器這樣的舉動。

另外，女孩的內生殖器會變得成熟，並開始有月經；而男孩則會開始有射精的反應，針對月經與射精的部分，後面會詳加說明。有趣的一點是，女生體內從出生開始就有卵子，但男生則是要到青春期才會開始製造出精子。

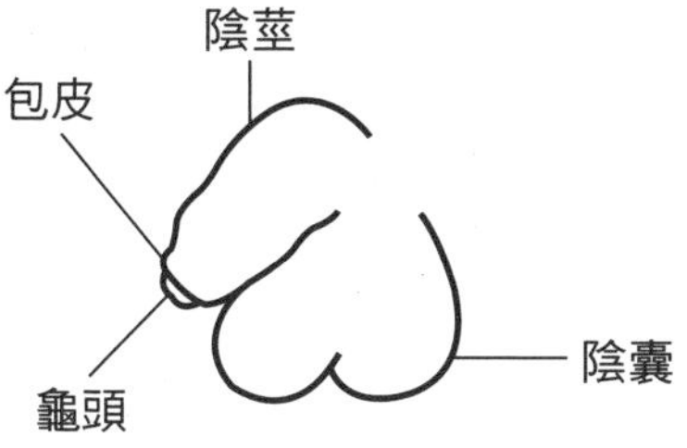

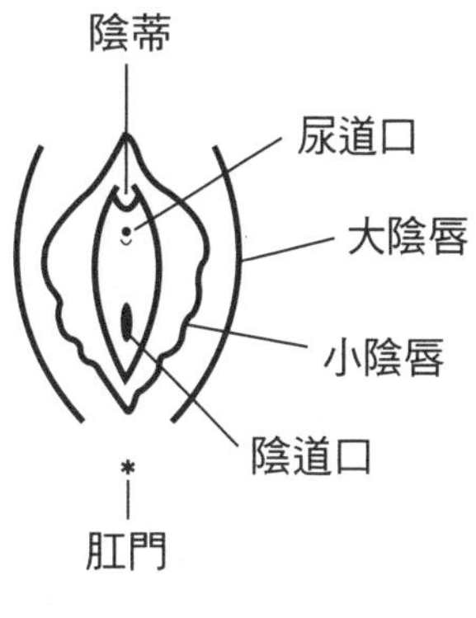

04
青春期

你辦過「青春期派對」嗎？

「聽說最近流行小孩子第一次夢遺時幫他們辦個派對，真的有需要嗎？」——12歲孩子的爸媽

「有人說女兒第一次生理期來的話，就要幫她辦個慶祝派對，但我不太懂為什麼需要慶祝，明明就很痛又很煩。不論是對小孩或父母來說，青春期都是痛苦的開始，為什麼要幫他們慶祝呢？」——8歲孩子的爸媽

跟過去相比，社會大眾已經逐漸意識到性教育的重要性，在各種媒體上，也開始推出以性教育為主題的資訊，讓我們能接觸到更多不同類型的資訊。也因為這樣，從幾年前起大家開始流行起「青春期派對」。

韓國關係教育研究所的宋經伊所長為他兒子舉辦了「尊重派對」，在公開了相關的採訪後，就成為了更熱門的話題。不知道是不是因為這樣，最近在講座的現場，絕對會出現跟青春期派對有關的問題，而這個問題幾乎全都是「一定要舉辦青春期派對嗎？」

雖然也有詢問如何舉辦青春期派對的問題，但大部份都是質疑青春期派對的必要性。其實，

這種問題也並不是針對必要性而提問的，因為大家問完問題後通常都一陣尷尬，認為「辦派對」這件事實在很彆扭，但又到處看到人家在討論，所以很煩惱是不是非得要舉辦派對不可。

各位也煩惱過嗎？如果現在就要給出一個答案的話，我認為不辦青春期派對也可以。儘管青春期派對被形容得好像是必要且充滿意義的事情，但並不這麼絕對，如果覺得青春期派對讓自己很尷尬又很有壓力的話，反而不舉辦比較好。

事實上，舉辦青春期派對的目的，是打破對於青春期的負面觀感，並且幫助孩子建立正向的態度去面對身心變化。此外，也是表示會將孩子當成獨立個體來尊重的心意。

然而，若做為派對主角的孩子無法感受這點，也無法接受的話，那就失去意義了。此外，如果父母對青春期已經抱持負面看法的話，那也很難達到派對的目的，所以若各位仍視青春期為叛逆期，是心情起伏很大而且令人提心吊膽的時期，那就暫時不要舉辦青春期派對。

有些則是孩子自己覺得青春期很尷尬，加上這個時期會跟同儕之間更加親近，並嘗試在情感上獨立出來，所以不會想多跟父母相處，也有可能陷入在「只有自己才懂」的煩惱中。這樣一來，也無法把青春期派對當成是一件值得開心的事情。所以，應該在孩子跟父母都認為青春期派對有趣且自在，而且有信心能達到舉辦派對的目的時，才需要幫孩子舉辦青春期派對。

然而也未必要透過舉辦派對來達到目的，只要在日常生活中的對話中，使用正面的態度來面對青春期種種現象，表現出尊重孩子為個體的心意就可以了。

我想要成功舉辦青春期派對！

※先確認自己跟孩子的關係

在舉辦青春期派對之前，首先要思考自己跟子女之間是不是能舉辦派對的關係？在此之前有聊過關於青春期的事情嗎？是不是在尊重彼此的意見與情緒之下討論的？如果平常完全沒有聊過青春期或發育這類話題，卻突然舉辦青春期派對，這樣搞不好反而讓孩子覺得界線被侵犯。

實際上有不少學生告訴我，覺得父母突然間關心起自己的身體很尷尬。我才想起來我妹妹初經來的時候，爸媽因此買了蛋糕，結果妹妹只覺得又煩躁又尷尬。假設我爸媽在這種情況下仍為妹妹舉辦青春期派對，整場派對大概會變成一輩子揮之不去的陰影吧。

當然，如果在青春期開始之前，能在日常生活中累積以「性」為主題的對話，雙方也較容易成為能輕鬆聊青春期或談性的關係，不管是小事情還是第二性徵都可以聊。若先跟孩子說進入青春期會發生什麼變化，然後跟孩子說「到那時候想要幫你慶祝！」如此一來，孩子便可以用期待的心情等待青春期來到。

※跟子女一起準備派對

因為是「派對」，所以就一定要有「驚喜」嗎？別忘了主角是孩子，請幫小孩量身打造想要的派對。在舉辦派對之前，先問問看孩子想要的禮物、想吃的東西、想邀請的人等等，用孩子想要的方式來準備。

若我的講座是以青春期學生為對象時，我都一定會問「初經或第一次夢遺時想收到的禮物是什麼？」我把這些答案給父母們看，大家都很驚訝，因為出現了預料之外的答案。而且每一個學生的答案都不盡相同，所以詢問孩子後準備他們想要的禮物，才是比較能達到效果的方式。

如果孩子要求的禮物太難也不用勉強，表現出尊重孩子的心意，並用這份心意來恭喜孩子進入青春期就好。請充分傳達出沒辦法準備的原因，或是讓他們去選替代的禮物，這樣才能一解心頭之憾，最重要的是讓孩子感覺到被尊重，並傳達恭喜孩子的這份心意。

※ 派對，就要當成派對來享受！

很多家長在青春期派對上最常犯的錯誤，就是突然間教育起孩子。

「從現在起，你要懂得對性這件事負責」說了這句後開始談起避孕，或是講起「我要教你健康的性價值觀」，只要這些以孩子的角度來聽，肯定覺得是碎碎念的長篇大論一出場，就代表派對前功盡棄地失敗了。在派對期間暫時收起擔心，和孩子度過一段舒服開心的時間吧。

孩子的成長比你想像的快許多，如果不把握此刻，可能再也沒有其他充裕的時間能慶祝，或是盡情聽孩子說話了。

05 生理變化

用自然的態度認識身體

「什麼？要畫沒有穿衣服的裸體嗎？很奇怪耶……男生可以不要畫嗎？」——學生，六年級

「就只是畫我們自己的身體啊，會怎樣嗎？沒什麼好奇怪的吧！」——學生，五年級

每年對小學生進行青春期的教育時，我一定會先開始一項活動——請孩子們畫出人體，並且描繪出第二性徵的部位。通常這個時候，學生們的反應大致上可以分成兩種，像上面舉的例子一樣，一種是連開始畫都感到抗拒，另一種則是完全覺得沒什麼就開始畫。

當然，畫出來的作品也有差異，比起難為情學生的畫作，畫起來很自在的學生，作品通常描繪得非常仔細，不僅有較完整的第二性徵的資訊，也更清楚掌握身體部位的名稱。有這種差異的產生，是來自於對身體認知的差別，一種可以自然地認識身體所有部位，另一種則是對於身體感到害羞、尷尬。另外，對很多學生來說，認識異性的身體更是令人難以啟齒的事。

仔細觀察就會發現，認為自己的身體很令人害羞，特別是無法面對生殖器，甚至將其當作禁忌的學生，他們對身體的認知也會比較不足，就算有認識身體的欲望，也會因為怕尷尬而偷偷摸

索，或是乾脆連了解都不想，因為他們覺得「對身體感到好奇」是不對的，抱持負面且消極的態度。

另一方面，對身體抱有正面認知的學生，會因為覺得對身體感到好奇是自然的事，所以能自在地畫出包含性器官在內的各個部位，連我遺漏說明的細節也會主動詢問。這樣的學生不但能好好參與課程，發問態度也較積極。

那麼，這種認知差異是怎麼產生的呢？雖然並非一定，但大部分都是受到家裡的教育影響。平常家裡用什麼態度面對這類問題，孩子對於身體的想法跟感覺也會隨之變化。

有一些爸媽會習慣把身體部位形容成害羞、骯髒的地方。最常出現的狀況就是對小孩開玩笑說「小雞雞露出來了啦！哎唷羞羞臉！」，或是用「小雞雞有很多細菌，不要用

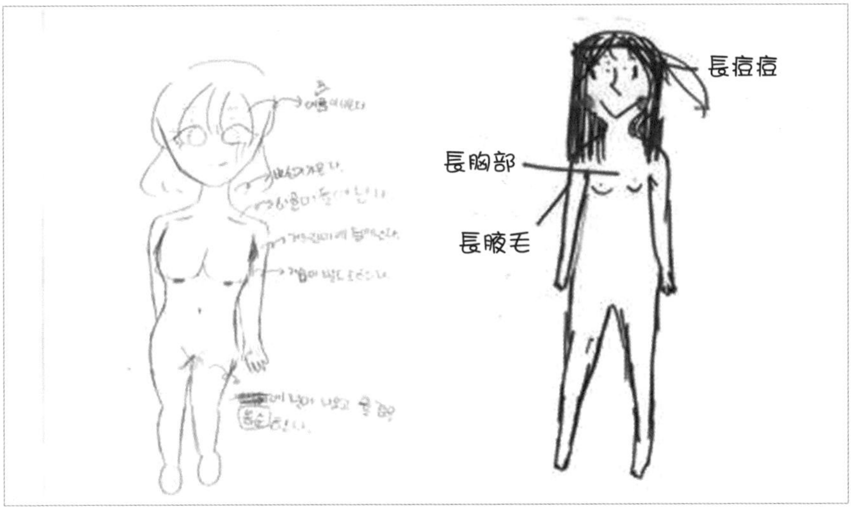

上圖左：自然且正向學習過身體部位的孩子，能畫出更多細節，說明也比較詳細。
上圖右：認識身體的經驗較負面、被動的孩子，能描繪的部位較少、解說簡短。

手碰喔！」的方式來警告孩子。雖然這兩種說法也有正確的地方，因為人跟人之間本來就有界線，覺得不能對別人露出生殖器是很正常的，況且也不能說陰莖上沒有細菌。

然而，這完全沒有說明為什麼要遮掩重要部位的理由，以及要保持清潔的原因，而是表現出一種「感覺」，這種感覺只會讓孩子留下負面的印象。若提到生殖器時都像是在講一個令人羞恥的地方，我們當然也不可能用正面的心態來面對。如果孩子處於這樣的學習環境中，那在獲得正確的資訊之前，不只是對於生殖器，會覺得整個身體都是「令人羞恥又不乾淨的地方」，用代名詞來稱呼身體器官也會造成類似的影響。

曾經有一位學生覺得畫出身體部位的活動非常困難，而且把男生的陰莖描繪得很不乾淨。在課程結束後，我跟學生家長們進行了回饋，當我還在說明孩子不一定需要穿安全褲這件事時，那位學生的家長卻不斷反問我「就算這樣，安全褲還是必須的吧？」這位家長認為就算再怎麼不舒服，甚至導致陰道炎，還是一定要讓小孩穿安全褲。此外，這位家長也搞不清楚性器官的名稱，對於這些發言也讓我大感衝擊。

我沒有再細問他們平常怎麼教孩子認識自己的身體，但根據孩子的反應來看，很有可能是在自己都沒注意到的狀況下，便用了負面語彙描述性器官，或是不曾跟孩子解釋「尊重身體界線」的原由，光強調「身體露出來很丟臉」。如果，孩子在獲得身體的正確資訊前就已經先預設了負面立場，之後自然很難再對自己的身體抱有正面的看法。假設在孩子的認知中，身體代表了令人害羞或骯髒的事，他長大後也很難用平等、客觀的態度面對性的問題，或是感受性帶來的好處。

請記得在日常生活中，隨時幫助孩子累積對身體的正面認知。用正確的名字稱呼各個部位，當孩子對身體感到好奇時大方解釋，讓他們擁有探索自己身體的機會。

除此之外，向孩子說明關於「身體界線」的部分也很重要，可以幫助他們更加懂得保護並重視自己的身體，知道我們的身體不論從頭到腳都是屬於自己的，而且非常獨特迷人。當然，身為家長的我們也要以身作則才行，必須學會尊重自己或孩子的界線，並以輕鬆自然的態度來看待「身體」，和孩子一起共同成長。

06 生理變化

重要部位的名字也很重要

「用『小雞雞、小弟弟』這種說法是配合孩子的程度，這樣不行嗎？」——10歲孩子的爸媽

「我已經教他那邊是『重要部位』了，正確的名字學校會教吧？」——8歲孩子的爸媽

「我知道陰莖、睪丸！但女生的……嗯……小妹妹？在哪裡？」——學生，五年級

我在課堂上經常聽到的問題，就是小學生家長煩惱該怎麼稱呼生殖器。首先，滿多父母不知道正確的稱呼，當不知道正確名字卻被孩子問到相關的問題時，當然沒辦法好好回答，或是因為羞恥的負面觀感選擇避而不答。也有人就算知道正式名稱，但擔心這樣教小朋友太直接了，所以用「重要部位」來含糊帶過。

我認為性教育最基本的一點，就是使用正確的詞語。不論孩子多小，如同我們學習「眼睛」時就是「眼睛」一般，也要用正確方式了解生殖器的稱呼，因為生殖器跟其他器官一樣，都是我們身體重要的部份。另外，是否用正確名稱來稱呼生殖器，也會反映出對於生殖器的認知。希望孩子能擁有正面的認知，首先第一步就是「正確稱呼生殖器」。

「陰部」是女性的外生殖器，「陰莖」是男性外生殖器的正確名稱。在男性陰莖上方有「龜頭」、「尿道口」，在下方則有包覆著「睪丸」跟「副睪丸」的「陰囊」；而在女性陰部則有「大陰唇」、「小陰唇」、「陰道」、「陰蒂」跟「尿道口」。

有的人會很驚訝「居然有這麼多構造？」特別是沒看過自己陰部的人。女性陰部跟從外部就能仔細確認的陰莖不同，是必須要對著鏡子、打開雙腿看才能仔細觀看的部位。有些人可能會覺得還動用鏡子來仔細查看很尷尬，但是我們用鏡子照自己的臉卻不會覺得害羞，看自己陰部這件事應該也要變得這麼自然才對。

想看看，我們是怎麼發現臉上長出痘痘的？就是因為照了鏡子，發現昨天沒有的某個東西冒出來了。因此，我們也要看過自己健康的陰部跟陰莖長什麼樣子，當有狀況時才能分辨得出來。

希望大家在仔細觀察自己身體跟學習清潔保養方法的同時，也能培養出對身體的愛惜之情。從自己開始好好管理跟愛護身體，才能讓孩子耳濡目染，也為了讓孩子更重視自己的身體，請教導他們使用正確的名稱吧。

07 生理變化

面對讓人困擾的體毛

「要從什麼時候開始刮鬍子呢？一定要刮鬍子嗎？」——學生，六年級

「好討厭長毛喔，有沒有方法可以讓毛不長出來呢？」——學生，國一

「女兒說想要刮腿毛，但在我看來是小細毛，好像沒必要刮……」——13歲孩子的爸媽

我想起小時候跟妹妹模仿爸爸刮鬍子的樣子，那是一段感覺自己好像變成了大人，而且玩得很開心的回憶，當時我還想著「好希望可以跟大人一樣長出毛來喔」。各位的孩子搞不好也都因為嚮往大人的生活，而很羨慕能長毛。然而，從某一刻開始，對於毛髮的想法就改變了。

進入青春期，孩子就會經歷身上的小細毛變粗、顏色變深的第二性徵，而且腋下或陰部也開始長出毛來。雖然也有些青少年會炫耀自己鬍子變濃，或是長出陰毛來了，但是我遇過的女孩中，沒有一個人會炫耀自己的體毛，反而對此倍感壓力，然後想盡辦法除毛或是不讓毛長出來。所以隨著性別不同，面對第二性徵的反應也不同，而且年齡層越高，差異也會變得越極端。

如果在看電視時，有一位20多歲的女性舉起手並露出腋毛的話，你會怎麼想呢？要是還露出

長長的腿毛呢？大概會不自覺皺眉頭，或是覺得這個人很奇特吧。這個就是針對女性的性別刻板印象，也就是認為只要是女生，就理所當然要除掉腋下或雙腿等身體部位上所長出來的毛髮。

二〇一二年，康考迪亞大學的伊美爾·奧圖爾（Emer O'toole）教授參加了英國晨間節目「This Morning」，她舉起自己的手露出了腋毛，然後又露出了腿毛，奧圖爾教授對於社會所定下的「女人味」，也就是「性別刻板印象」抱持著質疑，並於長達18個月的時間不去除體毛。

在她的著作《女孩，之所以是女孩》（Girls Will Be Girls）的書中提到「我們透過家庭與學校的教育、各種媒體以及小時候的遊戲，學到了被稱之為『女性』的社會標準，而這個社會標準大幅限制了女性的選擇。」我們可以回想，孩子所接觸的媒體中，是如何傳達「女人味」的呢？還有是如何展現女生跟男生的毛髮呢？如果是女生的話，應該很難看到頭髮跟眉毛以外的毛髮，因為全都被剃得一乾二淨。

因此，我們可以依據「是否必要」來教孩子安全除毛的方法，但是在教他們技術面的方法之前，應該要先透過對話來進行價值觀教育。例如，可以問問看我們原先覺得理所當然的事情，「為什麼一定要刮鬍子或除毛呢？」、「不這樣做的話會有什麼狀況嗎？」、「為什麼我會這樣想呢？」一起思考看看這些問題，然後分享各自的答案，透過這樣的對話來認識「性別刻板印象」。尤其是女兒，女性相較之下更容易因為社會上制定的框架而對身體抱持負面消極的感受。我們最希望的就是，孩子可以喜歡自己，並照著原本的樣子健康成長，父母只要能在他們身旁一起聊聊天、陪伴他們思考，並給予支持就好了。以下提供青春期應對毛髮的方法——

毛髮在我們身上扮演什麼功能？

毛髮的作用主要是保護身體，保護肌膚免於受到外部刺激，可以在皮膚之間發生碰撞時減少摩擦，也可以幫我們阻擋異物進到體內，並具有維持體溫的功能。

刮鬍子與除毛的Q&A

※什麼時候要開始刮鬍子？

「把鬍子剃掉」就是所謂的刮鬍子，但比起一有細毛就刮掉，比較建議長出又黑又長的鬍子時再開始剃。但請告訴孩子，刮鬍子不是一件必要的事情，而是依個人需求選擇的事情。如果認為「學生就一定要刮鬍子！」的話，那也請提出合理的根據。

※刮鬍子需要什麼東西？

因為肌膚脆弱，刮鬍子時有可能會出現傷口，所以建議使用刮鬍泡，而且一定要有個人專用的刮鬍刀。

※好討厭出現在身上的毛喔！

毛髮的存在是有功能的，包含避免肌膚受外部刺激、阻擋異物、維持體溫等。但如果知道了這些功能還是很討厭毛髮的話，可以想看看討厭的理由。雖然除毛也並非壞事，但在選擇採取行動之前，也建議花時間來釐清這樣做的理由。

※該怎麼除體毛才好呢？

有很多種方法可以除掉出現在身上的毛，例如除毛貼片、能維持半永久狀態的雷射手術、透過化學物質來軟化毛髮的除毛膏、或跟刮鬍刀一樣原理的除毛刀，方法真的有很多種，只要考量目的與肌膚狀態，選擇最適合的就可以了。

※陰毛也可以刮掉嗎？

在生殖器周遭的毛我們叫做「陰毛」。就像體毛一樣，陰毛也有很多種去除的方法。不過用手拔掉，或是用除毛刀剃掉都不太推薦，因為用手拔容易導致毛囊炎，而使用除毛刀的話，之後再長出陰毛時可能會伴隨著刺痛搔癢感。

08 生理變化

「勃起」怎麼了？

「二年級的兒子問我為什麼會勃起？我覺得好尷尬，而且我也不是很清楚為什麼會勃起，所以很難說明給他聽。」——10歲孩子的爸媽

「有時候在發呆就莫名其妙勃起了。每當在學校或補習班發生這種狀況時，我都非常慌張，可是我也沒有想色色的事情，為什麼會這樣呢？」——學生，五年級

勃起跟年紀無關，從出生的那刻起就可能勃起，所以偶爾也會目睹嬰兒勃起的樣子，是非常自然的生理現象。

男性的身體內有個「海綿體組織」，海綿體長得跟海綿一樣，吸收血液後就會膨脹起來，在陰莖的兩側跟下方有長長的海綿體組織，而陰莖上方並沒有海綿體組織，所以當海綿體組織膨脹時，就會呈現往上方挺直的樣子。

青少年經常因突然的勃起而煩惱，尤其在學校或公共場合勃起，不只尷尬又慌張，往往還會被朋友嘲笑。之所以會有這樣的情況，是因為「想到性方面的事情」才會勃起的這種偏見，才會

讓這件事變成笑柄。雖然大部分的勃起都被認為是性愛方面的反應，但也有很多例外的狀況。

勃起的原因

我們都知道，勃起是因為受到某種刺激才會發生，有可能是因為性方面的刺激，也有可能是其他的外部刺激。舉例來說，進行身體活動，或是在玩的時候產生的肢體接觸，都很容易讓陰莖反射性勃起，就像是當異物跑進眼睛我們會眨眼睛，一樣是自然反應。

另外，睡覺時陰莖通常也會勃起。在睡眠中，陰莖大概會勃起3～4次，這跟被稱為「去甲基腎上腺素（norepinephrine）」的神經傳導物質有關。去甲基腎上腺素會配合睡眠週期分泌並收縮動脈，當動脈收縮時就不會勃起，但當動脈擴張而造成血液循環時，血液就會湧入海綿體而勃起。睡眠勃起（或是夜間勃起）也可能會延續到早上。大家應該聽過「升旗」這種比喻吧。這就是形容從睡夢中醒來時，陰莖呈現勃起的模樣。

其實早上會勃起的原因比想像中還要簡單，就是在睡眠期間，尿液聚集到膀胱造成的。膨脹的膀胱擠壓到連結至陰莖的血管，因此造成了直到從睡夢中醒來都持續勃起的狀況，晨勃通常排尿後就會消失。依同樣的道理，在尿尿同時也可能會勃起。

除了以上狀況，有時候也會在很放鬆的狀態之下莫名勃起。「我就在發呆啊，卻勃起了」、「我真的什麼都沒做、就乖乖待著，結果突然……」很多青少年會像這樣為自己的尷尬叫屈。

我們可以從「自主神經」這個控制身體反應的系統中找到原因。自主神經系統分為交感神經跟副交感神經，要理解交感神經，我們能藉由緊張時身體所產生的反應來認識，各位應該有過口乾舌燥、心臟狂跳或消化不良的經驗吧？這就是因為當我們處於亢奮狀態時，由交感神經控制我們身體的緣故。相反來說，副交感神經則是代表我們處在不緊張且放鬆的狀態，而勃起則是屬於副交感神經的反應，所以很有可能在發呆或休息的狀態下發生。

青少年時期經常有不管時間地點就勃起的狀況，如果在不太理解自己身體的狀態之下，就會覺得突如其來的勃起令人慌張又難堪。我們除了告訴孩子在那種狀況下該如何處理外，也要跟他們解釋什麼是勃起。如果理解勃起是一種很自然的身體反應，那麼不論是自己，或是看到別人勃起時就不會那麼尷尬。

接下來，請跟他們說明在自己不願意的狀態下勃起時，該如何處理。如果一直在意已經勃起的陰莖，反而容易持續得更久，所以建議製造出其他焦點來分散注意力。如果在公共場所勃起的話，可以用衣物或包包稍微遮住，或是先翹起二郎腿來遮掩，同時盡量轉移注意力到周遭事物上。在跟孩子聊天的同時，也一起試著想像各種狀況然後演練看看，在過程中也可能會激發出更好的點子。

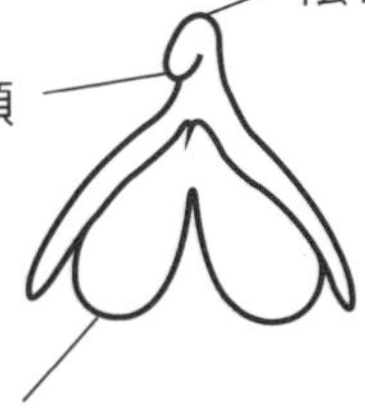

女生也會勃起？

勃起通常被認為是男生的身體反應，不過女性也同樣會勃起喔！在女性的生殖器中，陰蒂從外部看起來雖然尺寸跟豌豆一樣小，但在身體內部有著約10公分的陰蒂體存在。跟陰莖一樣，陰蒂體內也有海綿體，所以在性興奮時會膨脹。如果陰唇跟陰部膨脹了，並產生了些許的興奮感，就表示陰蒂勃起了。所以勃起是所有性別都會發生的生理反應喔！

09 生理變化

「包皮」非割不可？

「我不想割包皮。媽媽說今年夏天要去弄，要跟她講什麼才不用割呢？」——學生，五年級

「聽說包皮不割也沒關係，不過為了清潔是不是還是去割比較好啊？」——9歲孩子的爸媽

在韓國包皮手術經常被稱為「捕鯨魚」，這對青少年來說是一個恐怖的單字，在青春期進行性教育時，跟包皮有關的故事可說是源源不絕。之前有一個學生因為不想做包皮手術所以試著和父母溝通，但沒有說服成功，最後來拜託我打電話給父母。包皮手術真的非做不可嗎？

事實上，包皮手術並不是非做不可。一般來說如果是正常的包皮，在過了20歲之後，原本包住龜頭的皮膚被拉上去時就會露出龜頭了，而且不會有任何疼痛感！但如果是包莖的情形，龜頭跟包皮沒辦法分開，就算把包皮往上拉，也只能露出部分龜頭。因此會遇到勃起困難的障礙，孩子也會為此而感到疼痛，所以如果是包莖的狀況，那就需要做包皮手術。

孩子到底是正常包皮還是包莖，要等到第二性徵都發育完全才會知道，所以會需要稍微長一點的時間。請跟孩子詳加說明這部分，要告訴他們包皮的類型、手術方法、優缺點以及必須考慮

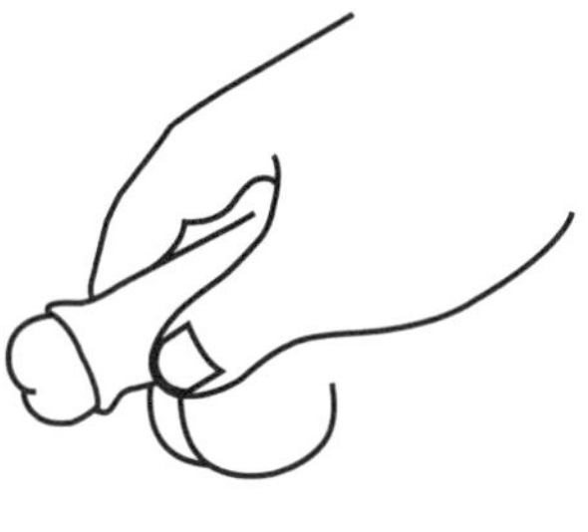

正常包皮

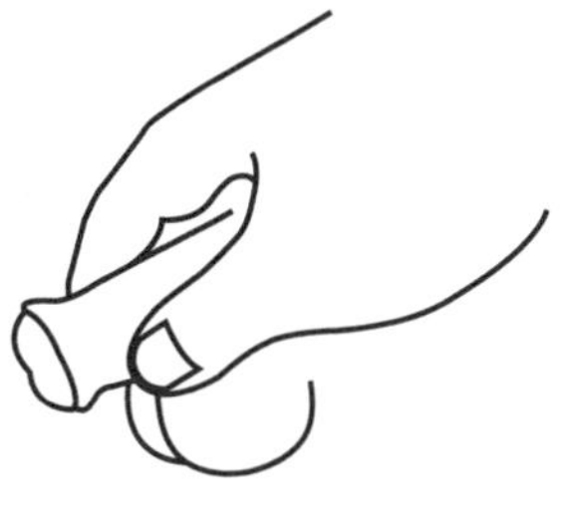

包莖

到的部分等。舉例來說，可以跟他們說包皮手術後因為需要充分休息，在就學時期進行手術的話，才可以利用學校放假期間充分休息。如果等到長大後再進行手術，因為難有長時間的休假，所以可能會比較痛苦。請提點孩子他們比較難設想到的狀況，同時幫助他們在獲得充分資訊的條件下自主做出選擇。

我常常遇到有些青少年說自己沒有「選擇權」，所以請我去說服父母。其實，任何在自己的身體跟心理所發生的事情，都必須是由「自己」來做出選擇與決定才行，這就是我所強調的「界線」。透過討論是否做包皮手術的對話，也能讓孩子感受到自己的界線確實受到尊重。

如果在經過了對話跟思考後，孩子決定不接受包皮手術的話，那就要提醒孩子這段期間一定要注意清潔。尤其龜頭跟包皮之間有一些間隙，所以異物或是細菌很容易跑進去，務必在洗澡的時候連包皮內部都清潔乾淨，管理好自己的身體衛生與健康，也是身體的主人該做的事情。

10
生理變化

孩子好像發育太快了？

「我女兒現在才10歲，但生理期已經來了。我是有聽說最近的小孩生理期來的時間點很早，但有像這麼快的嗎？」——10歲孩子的父母

「現在才小學二年級，但已經開始長陰毛了，是不是太快了啊？」——9歲孩子的父母

每年因為「性早熟」而找上醫院的情形不斷增加。所謂的性早熟，指的是第二性徵比起平均年齡更早出現的狀況，女生的標準是8歲以前，男生則以9歲前為基準。由韓國國民健康保險公團，被判定為性早熟的兒童從二〇一二年的五萬五千人，增長到二〇一七年的九萬五千人，每年有越來越多的小孩受性早熟所苦，其中絕大部份為女孩子（佔89.9%）。

孩子可能會因為性早熟而擔心跟朋友格格不入、害怕變成被嘲笑的對象，在這個年紀的孩子有辦法處理月經嗎？身高會不會提早停止成長？這之中潛藏著很多的問題。事實上，性早熟兒童的骨骼年齡的確比實際年齡還要大，所以也會提前停止長高，平均身高普遍較矮小。此外，成長過快也會影響兒童、青少年的心理，因此需要傾注大量的關心在孩子的身體變化上，早期發現就

〔2013年～2017年，韓國每10萬人中接受性早熟治療的人數〕

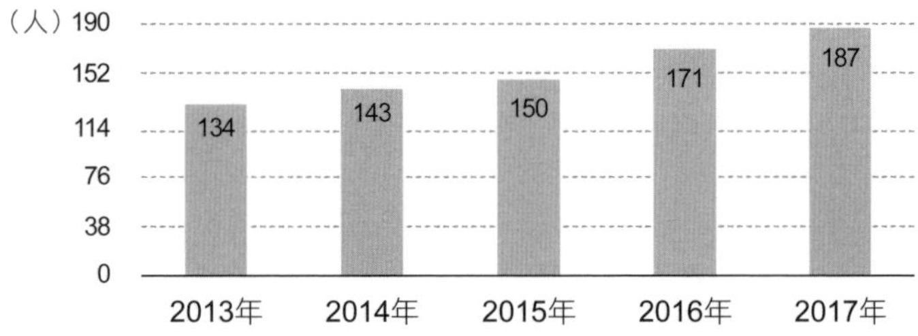

資料出處：韓國國民健康保險公團

〔2017年，韓國各年齡層接受性早熟治療的性別人數〕

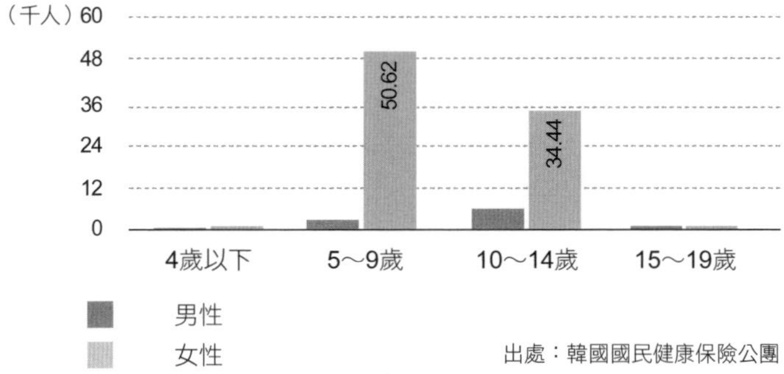

出處：韓國國民健康保險公團

〔2017年，韓國接受性早熟治療的性別人數〕

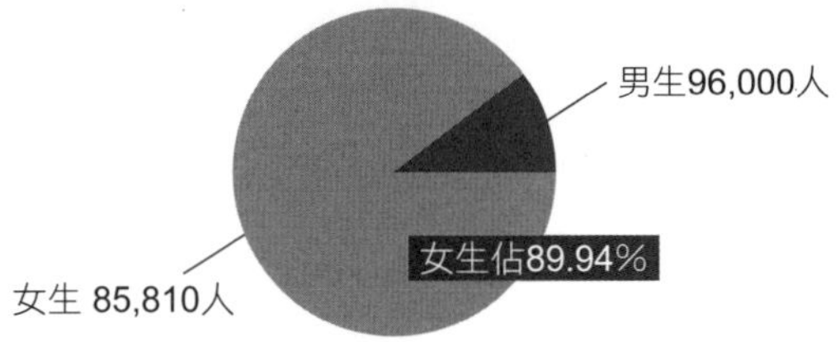

出處：韓國國民健康保險公團

要即早治療。

性早熟有以下幾種類型——

第一種，在女孩、男孩身上都可能發生，生殖器跟腋下附近長毛的「陰毛早生」症狀。會出現陰毛跟腋毛是因為睪丸激素（男性由睪丸分泌；女性由卵巢分泌）的分泌，這也是第二性徵代表性的特徵。不過還好，這個與急遽成長的關聯性較低，所以其他的第二性徵通常會在正常的時間點才開始出現。

第二種，女孩乳房早熟。這個跟正常時間出現第二性徵一樣，就是指胸部變得圓潤的樣子。試想我們輕捏自己臉時的觸感，跟用力捏到痛的感覺是不一樣的，如果孩子的乳房摸起來像是用力捏的臉頰，感覺比其他部位的肌膚還要硬，而且摸到硬塊的話，就可以合理懷疑是性早熟了；或是如果孩子反應胸部很痛或乳頭不舒服，也一樣可以懷疑是性早熟。

第三種，女孩發生初經或是陰道出血。雖然近幾年初經的年紀有越來越小的趨勢，但如果在8歲以前月經就開始的話，還是必須去醫院檢查。雖然可能是因為性早熟而出現的早發性初潮，但也可能是因為腫瘤或外傷而造成陰道出血，所以務必要接受專業的診斷。

另外，在初經來臨前的六個月到一年左右，陰道就會開始出現分泌物，可以藉此留意孩子的狀況，及早發現及早治療。

第四種，男孩的睪丸跟陰莖開始發育。男孩子的性早熟會從睪丸的發育、變大顯現出來，如果平常多留意孩子的身體狀況，這件事情也不難發現。只要家長稍加留意，性早熟大多能在早期就被發現。

除了上述四種狀況，如果孩子在第二性徵開始之前，身高成長得比每年5～6公分的這個平均成長速度還要快的話，也可以懷疑是性早熟。如果出現這種跡象，建議家長可以記錄下來，並前往小兒科尋求專業建議。

在前往醫院治療性早熟之前，一定要讓孩子先充分了解狀況，不要讓他們感覺到自己的身體變化是個問題。在這個時期，孩子可能會因為身體變得跟同儕不同而感受到壓力，或變得很敏感，所以在這種時候，建議可以跟孩子說說自己的經驗。「媽媽也是一樣喔，一開始胸部跑出來時很慌張呢。常常很痛，穿衣服也很不舒服，不過後來我發現每個人都會這樣之後，心情就好多了。」像這樣讓孩子知道，性發育是大家都會遇到的自然現象，只是這件事有點早找上門而已，如果父母能用自己的經驗一起為身體賦予正面的意義，這樣一來孩子的不安感也會降低許多。雖然我們都知道醫院是為了健康而存在，但聽到需要看醫生，心理上還是會感到些許的擔心跟不安。因此，跟孩子一起去醫院接受諮詢治療時，必須幫孩子建立心理上的安全感。

為了安定孩子的心，爸媽可以多做肢體互動，或是說一些鼓勵的話。而且希望家長能事先說明檢查跟治療的過程，並且接納孩子的情緒與想法。所有的治療要在專科醫師、爸媽跟孩子都取得一致的意見後再進行。要是孩子拒絕治療，或是覺得有困難，那就表示需要更充分的溝通，所以若非危及生命的緊急狀況，請務必徵詢孩子的想法後再一起做決定。

11 生理變化

當然也要認識異性的第二性徵！

「青春期教育的第一階段男女合班沒問題，但第二階段希望男女分開進行。男生不用學怎麼使用衛生棉或胸罩吧？」——某小學性教育的負責人

「我該跟兒子說明女生的身體到哪種程度呢？」——10歲孩子的爸媽

我上性教育的課程時，都是不分年齡和性別一起上課，盡量減少分班，然而不論我再怎麼樣說明，還是會有人提出希望分班上課的要求，而理由總都是「不用非得要……」對，事實上就是這樣。教育是「非得要」進行的。我們一定要了解這個事實才行。有任何正當理由讓我們不用去學習異性的身體嗎？現實生活中也不會因為對方跟我的性別不同，就不用建立任何關係吧？我們所有人都是相互關聯的存在，跟異性之間僅管不是戀人、夫妻，也有可能成為朋友、同事等各種關係。一起組織日常生活的人，是不分男女的。

然而，我們卻時常用性別不同這個理由，來認為對方跟自己在本質上是不同的存在。也因為這樣，才會認為對方的特徵非常神祕。最具代表性的例子就是女生的月經和男生的性慾。但其實

如果我們深入了解，就會發現這些並非特別重大的事。只是因為許多資訊誇大了對異性的身體或是生理現象描述，才會導致接收錯誤資訊且沒有多加思考的人產生誤解。

就算只是為了順利拓展舒適的人際關係，男生跟女生之間都應該要了解彼此的身體。更不用說還有個一定要學習的重要原因，就是「尊重」。尊重建立在理解之上，在無知的狀態之下去關心對方，非但難以讓人感到體貼，反而容易製造彼此間的距離。為了讓兒子能體貼女生、讓女兒不要誤會男生，了解異性的身體絕對是必要的一環。越是刻意區分雙方、越是想要隱藏，那「性」也會變得越危險。因為「危險的發生」通常不是因為太過了解，而是因為不了解。

社會媒體習慣將異性的身體，或性方面的現象視為「色情」，所以我們極力避免跟孩子說這些事。特別是提到女性的身體時，更容易表現出有色眼光。我們已經分享過談論性的態度要放輕鬆的理由了，同理，在向小孩說明第二性徵時也一樣，請保持輕鬆的態度，才能讓小孩不論是對同性或異性的身體，都能視為很自然的事物。

如果男生對女生身上發生的狀況足夠了解，就算沒辦法對「月經」產生共鳴，也會願意思考女生面對的困境，或是作為朋友或家人的自己能提供什麼樣的幫助。相反地，如果男生不理解月經或女性的身體，便會輕易地拿月經開玩笑，甚至隨意地、輕蔑地對待女生。

有一次在小學進行三階段教育時，第一階段跟第二階段都是男女合班進行，但最後一個階段我卻被要求要男女分班。理由很簡單，因為第三階段教育的主題是「月經」，負責人說，兩性一起在同一個地方學習這個主題很尷尬，而且男同學也不需要了解月經，所以要求分班進行。

雖然我同意了分班上課的要求，但我對男同學也用相同的內容教課了，我很欣慰在課堂上的男同學都很仔細地思考月經跟經痛發生的原因，還有衛生棉的使用方法，而且他們的注意力跟發問都不輸給女同學，最後還說：「好奇的事情終於都解開了！」

在那堂課中，他們不只是單純學習跟衛生棉有關的知識而已，他們理解了月經，同時也更理解了有月經的朋友們。要是他們沒有上這堂課，可能直到成人都會被通篇錯誤且到處流傳的資訊牽著鼻子走。

性教育絕對不是該躲起來做的教育，而是用安全的方式解開他們的好奇心，然後正確提供他們還不懂的知識。這件事並不像教一個數學公式般單純，而是幫我們的小孩從小建立「性價值觀」。只要我們願意稍微改變一下想法的話，孩子們的生活就會截然不同，請一起改變孩子的世界吧。

12
生理變化

一定要穿內衣嗎？

「我覺得穿內衣好不舒服喔！雖然我在家裡不想穿，但因為還有其他家人在，只有在自己房間才能脫掉。有次還被我爸罵『女孩子連胸罩都不穿，沒有警覺心……』」——學生，五年級

「我到現在連睡覺都穿著胸罩，這樣可以嗎？」——學生，六年級

「最近好像越來越多人不穿內衣就到處跑，不過青春期的時候還是得穿吧，大人跟小孩還是有差嘛……」——13歲孩子的爸媽

根據統計，韓國女性一生穿著內衣的時數高達37萬3800小時，是非常驚人的數字。雖然每個人有些微不同，但基本上除了睡覺時間以外，大部分的女性幾乎一整天都穿著內衣。那對於這麼長時間與自己肌膚相親的胸罩，我們又了解多少呢？在我們跟孩子一起去挑選胸罩之前，有很多事情值得預先思考。

我們從最基本的「為什麼一定要穿胸罩？」開始吧。各位的答案是什麼呢？我詢問過許多青少女，得到「為了蓋住乳頭」、「為了有漂亮胸型」、「為了減少胸部晃動」、「為了讓胸部看起來

更大」等答案，其中也有幾個人回答「因為我學到的就是『要穿胸罩』」，從來沒認真思考過一定要穿胸罩的原因，普遍認為只要是女生就毫無選擇的機會，理所當然要穿胸罩。

當我們看到沒穿內衣的人時，通常會皺一下眉頭吧，但為什麼對於不穿胸罩這件事會覺得尷尬呢？雖然有很多原因，但背後大多是為了避免帶有「性含義」的視線，而這種大眾社會觀感，才成為了女生一定要穿胸罩的主因。

如果只是單方面覺得看到乳頭很尷尬，所以就說女生一定要穿胸罩的話，那為什麼男生的乳頭不需要遮呢？女性跟男性的乳頭哪裡不一樣？

另外，「怕胸部下垂所以要穿胸罩」的想法又如何呢？在內衣廣告中，時常出現像「正面、側面、背面，打造你的全方面」、「事業線」、「性感」、「火辣曲線」等廣告詞，不斷向大眾定義怎樣的胸部才算美，而且很容易看到他們所敘述的「美麗」跟「性魅力」緊密連結。儘管大家都知道胸型不會影響健康或生活，但打造良好的胸型依舊成為了選擇胸罩時最重要的因素。

由此可見，我們已經習慣用「性的角度」來看待女性的身體，明明胸部只是身體的一部分，但被我們賦予過多不必要的意義。

有時候我們視為理所當然的風氣，也會侵犯到我們的選擇權。當有夠多的選項，才會出現真實的選擇。所以請告訴女兒，我們不只有挑選胸罩的選擇權，也有不穿內衣的權利。

建議需要穿胸罩的狀況

穿不穿胸罩是個人的選擇，不過也有一些情況下，的確是穿著胸罩比較好，其中最具代表性的狀況就是「做運動的時候」。在進行動作較激烈的活動時，胸部會大幅搖晃，這時可以穿運動型內衣來預防肌肉損傷。因為胸部組織是像網子一樣連結在一起的構造，要是斷掉的話就難以再生，所以在進行大動作或有氧運動時，就需要依據運動類型，選擇具有適當支撐力的運動內衣。

另外也建議在胸部剛開始發育的時候穿上內衣，因為胸部發育的時期，就算只是細微地摩擦到乳頭，或是搖晃到胸部都可能感到疼痛。如果是煩惱乳頭磨擦的話，可以穿有胸墊的背心；若想減少胸部晃動，可以選擇無鋼圈、有柔軟襯墊的棉質內衣會更好。

選擇適合自己的內衣

如果選擇要穿內衣的話，就要挑選適合自己身形的內衣。萬一內衣太小容易因為緊綳造成消化不良，但過大的話又沒辦法達到穿內衣的目的。買內衣時，建議親自到實體門市，在現場量好尺寸後再購買。特別是青春期的孩子，因為胸部還在不斷發育，所以尺寸也會有變化，一旦覺得不舒服就需要更換內衣。

下頁表格也提供在家裡量胸部尺寸的方法，在不穿衣服的狀態下用捲尺量下胸圍，接下來測量以乳頭為基準的上胸圍，此時可藉由鏡子來確保捲尺是否呈水平，最後再用上胸圍的數字減掉

〔胸圍測量尺寸對照表〕

胸圍尺碼	65	70	75	80	85	90
胸圍（下胸圍）	63～67cm	68～72cm	73～77cm	78～82cm	83～87cm	88～92cm

罩杯尺寸	AA罩杯	A罩杯	B罩杯	C罩杯	D罩杯	E罩杯
罩杯（上胸圍-下胸圍）	7.50cm	10.0cm	12.5cm	15.0cm	17.5cm	20.0cm

下胸圍的數字，就可以算出罩杯了。

嘗試不同的選擇

經歷過在炎熱夏天穿內衣的煎熬的人，應該都有同樣的感想——希望能配合天氣、當下的身體情況，有不同的內衣可以選擇，也因此近期市場上內衣種類可說是越來越多元。

一般來說，內衣的功能也會隨著材質、罩杯、是否有鋼圈、包覆程度等設計有所不同。假如常覺得胸口悶，或是內衣緊到不舒服，也可以選擇布拉蕾（bralette）來代替胸罩。沒有鋼圈的布拉蕾同樣具有遮住乳頭和維持自然胸型的功能，根據材質不同，也有著重吸汗或涼爽的機能，能減少對肌膚的刺激。

另外，胸墊背心（bra top）也相當方便，不需要再穿胸罩，而且單穿無袖背心也可以，穿起來非常貼身所以相當舒適、不悶熱。除此之外胸貼也是一個選擇，胸貼有分矽膠材質，或是單純遮蓋乳頭的種類，非常適合在炎熱的夏日使用。最後，當然不要忘記還有不穿內衣這個選項。

13
生理變化

夢遺是因為性慾？

「沒有做色色的夢為什麼會夢遺？是我不記得嗎？有辦法不做夢嗎？」——學生，六年級

這個章節要來解開青春期男同學最在意的謎題——「夢遺」。在做青春期教育時，課堂中一定會出現關於夢遺的問題。每當講到夢遺，原本在做其他事情的同學，也會眼睛一亮地開始專心。雖然這個主題是如此備受矚目，但卻也充斥很多錯誤的資訊。

所謂的夢遺，就是在睡覺時不自覺地排出精液。夢遺這個單字用了「夢」字，也被稱為「夢泄」，夢遺的原文是Nocturnal Emission，意即睡眠期間所發生的射精現象。但並不代表都是因為夢到春夢，或是在睡覺時感受到性快感，才排出精液，只是因為大部分男生在生理方面逐漸成熟的同時，也會開始對性產生興趣，所以才常用做春夢而發生夢遺的方式來說明。

我在接受性教育時也是這樣學的，所以我以為男生都會固定夢到春夢，而且對性很有興趣，也因此有一段時期我覺得男生看起來都很奇怪，甚至產生了莫名的抗拒感。現在偶爾會想，如果我當時就有正確的認知，會不會交到更多朋友呢？

而男生會覺得夢遺很令人害臊、不自在的原因也在於此，因為我們把夢遺當成性慾的代名詞，才會如此尷尬。正確來說，夢遺跟春夢沒有太大關係，雖然在睡覺期間射精就是夢遺、也可能伴隨著春夢或是在睡眠中感受到的性快感而發生，但這並不是主要原因。

夢遺是發生在男性身上的生理調節現象。睪丸的功能是製造並輸送精子，副睪丸則是儲存精子，但如果已經製造了充足的精子卻沒有排出時，就會透過夢遺排出去。通常在男性的身體變成熟、出現第二性徵時，就會因為開始製造精子而夢遺，但也不是每個人都會。另外，如果在第一次夢遺之前就透過自慰來射精的話，那也有可能不會夢遺。

當然，也並不會因為沒有射精就一直夢遺，累積的精子也可能會被體內吸收，或是透過「滑精」排出。所謂的滑精，指的是在非睡眠的狀態下，沒有勃起卻流出少量精液的現象，男性進行激烈的運動，或是受到輕微的刺激時，也可能會遺精。

為兒子慶祝夢遺

最近有很多人希望，能像慶祝女兒第一次月經來一樣，幫兒子慶祝第一次夢遺。

但是夢遺並不像月經那樣需要父母的協助，所以也較難得知兒子是否夢遺了，那要怎樣做，才能幫兒子慶祝夢遺呢？

跟前面針對青春期派對所討論過的問題一樣。首先，親子之間必須是可以暢聊夢遺話題的關係才行。如果跟子女已經是能聊性事的親密關係，那要怎麼慶祝都可以。但如果親子之間光出現性方面的話題都尷尬無比，當然也無法自在地慶祝，反而讓人壓力很大。

如果與孩子是能自在談性的關係，慶祝夢遺自然也不是問題。那麼，該如何幫孩子慶祝呢？首先，在孩子有可能開始夢遺前，就要提醒他相關的事。不論是針對夢遺說明，或是連帶討論所有青春期變化都可以，如此一來，孩子第一次出現夢遺時就不會慌張，也能正面積極應對。

在說明夢遺時，請不要形容夢遺是「成為真男人的象徵」，而是要傳達這是「健康成長的證明」即可，因為也不是所有男人都會夢遺，只要告訴他們發現自己夢遺時不需要慌張，把內褲洗乾淨就好了。

同時也可以問問看孩子，第一次夢遺的時候想收到什麼禮物？到時候再把孩子想要的禮物跟著祝福一起送出去。再提醒一次，請避免用「恭喜你成為了男人」的方式慶祝，而是要讓孩子知道，我們正在慶祝你「健康成長」。

還有，也請避免在慶祝的當下說出「小心不要讓人懷孕了」或「接下來要有責任感」的話。雖然說夢遺的確表示身體有了讓人懷孕的可能性，但慶祝的時候只要專心慶祝就好了，關於懷孕跟責任的話題，請在日常生活中用其他方式來傳達。

我相信為人父母，沒有比跟孩子一起經歷成長更大的喜悅了，希望爸媽們跟兒子也能有可以一起慶祝夢遺的關係，並且享受當下的祝福。

14 月經

「初潮」也是值得期待的第一次

「朋友的小孩月經已經來了。我家小孩好像也快了，該怎麼準備才好？」——10歲孩子的爸媽

「我第一次月經來的時候，媽媽非常擔心。之後每次月經來的時候，我媽好像都會擔心我有沒有辦法一個人處理？」——30歲的女性

不論何事何物，「第一次」總是非常特別。第一次邁步、第一次見面、第一次戀愛等等，這些事情光想就讓人心癢癢的，產生各種美好的畫面。那想到第一次月經時，也會這樣嗎？

所謂的「初潮」或「初經」，就是月經初次來到的意思。第一次月經是身體正在健康成長的證據，但其實我們通常不會希望孩子的初經太早來，因為我們知道月經是多煩人又辛苦的事情。也因為我們愛護孩子的心，所以會不停煩惱孩子的月經何時開始，太晚或太早都擔心，尤其是性早熟的孩子，只要想到這麼小的孩子要經歷月經，內心就很不好受。但是如果沒有好好傳達我們的心意，孩子們是無法理解這份愛的。如果我們總是用負面的態度來描述初經，或是太過擔心這件事，孩子便無法以正面的態度，迎接第一次月經的來到。

如果孩子能以開心雀躍的心態，來度過每個成長的瞬間，那該有多好呢？爸媽只要記得幾件事，就能幫助孩子感受到成長的喜悅，並用正面的態度來看待自己的身體。

長出陰毛時，就要準備迎接初經

第一次月經通常在11～14歲左右開始，依據韓國二〇一五年的「青少年健康型態調查」，月經第一次來的平均年齡為11.7歲[2]，不過平均年齡正在逐年下降中。我每年在進行性教育課程時，也有切身的感受。

儘管每個人情形都不太一樣，但一般來說乳房會先開始發育，接著長出陰毛，再來大約一年後月經會來。一開始月經不會有規律週期，也有可能第一次來了之後好幾個月不來，而過了這段期間，月經會逐漸規律，量也會變多。

陰毛不會因為第一次月經快來了就變得又濃又長，但如果已經長出黑色的陰毛，而且變濃密，通常表示第一次月經即將來到。

2 編註：據統計，台灣國內初經平均年齡約為12歲。

初經的重點是健康成長

有的人會覺得女生月經來了之後就不會再長高了，會有這樣的說法，是因為大部份的女孩第一次月經來的時間，剛好落在第二性徵的最後階段左右，所以會覺得原本長得很快，但初潮來了後身高成長就慢了下來。不過理解之後就會知道，這不代表初潮來了之後就不會再長高。

如果因為怕長不高而討厭月經，絕非健康的態度。初經最重要的意義是「成長」，並且培養出健康的身體。請不要讓孩子因為身高的關係，而用負面的態度看待自己的初經。

月經並不代表「成為女人」，而是「成長的過程」

我們經常會跟第一次月經來的孩子說「恭喜妳，成為真正的女人了」，其實這種話並不正確。因為月經並非判斷女人的標準，就算是已經停經的女性，也仍然是女人。而且在孩子初經來臨前，我們也不會把孩子當成一位「假的女人」。

初經不是「女人的象徵」，而是「成長的象徵」。所以請跟孩子說「恭喜妳健康長大了！」，並教導孩子「保持健康的方法」，而不是「作為女人該具備的條件」。舉例來說，應該要說明的像是月經前後該如何清潔陰部，或如何面對生理痛的方法等等。

了解越多，越不容易驚慌失措

任何事情的「第一次」都令人悸動，但也伴隨著擔憂。會不會出錯？會不會發生意外？當遇到的事情越未知、越陌生，我們的內心就會越加忐忑不安。所以，為了讓孩子能夠更從容面對成長帶來的轉變，建議盡可能讓他們先對月經有全盤性的認識。

月經期間可能遇到的問題很多，包含：經痛、經血外漏、衛生棉的使用、月經無預警來臨……即使只是分享媽媽自己曾經遇到的狀況，也能幫助孩子更加了解月經，並且事先做好心理準備。

另外，也不要忘記跟孩子解釋生理用品。除了大多數人習慣用的衛生棉外，還有很多不同的種類，建議都介紹給孩子，再讓她們自己做選擇。這也是一個能讓孩子大方認識生理用品的重要機會。

生理用品大致可以分成兩大類。一種是墊在內褲中使用的衛生棉（又分成一般型跟兩側有翅膀型，尺寸有4～6種，還有褲型衛生棉，以及非拋棄式、可重複使用的布衛生棉等）。另一種則是塞入式的生理用品，主要是拋棄式的棉條（有導管型跟指入型），以及可以重複使用的生理杯（或稱月亮杯）。

在初經到來前，跟孩子一起進行演練吧！

第一次月經即將到來前，先跟孩子一起演練可能出現的狀況吧。如此一來，不論初經什麼時候來，孩子都能隨時做好準備。

比方說，假設第一次月經在學校來的話，該怎麼處理呢？可以和孩子一起想像當時的情景，並先設想好應對的方法。除了學校外，也可以針對補習班、家裡、公共場所等各種地點推演，讓孩子先做好心理準備。

除此之外也可以問問孩子，第一次月經來的時候想收到什麼禮物，或是聽到什麼話會感到安心？我曾經在授課時問過學生這個問題，結果出現了各種答案，有的人想要被安慰，也有的人覺得聽到「謝謝妳平安健康長大」會很開心。想想看，你的小孩會想要聽到什麼話呢？

沒有頭緒的人，可以試試看這麼說——「月經代表健康成長的意思，等妳第一次月經來的時候告訴爸爸，爸爸送妳一個想要的禮物，慶祝妳順利長大了。」

15 月經

「月經」不需要遮遮掩掩

「女兒之前看到我生理期時內褲沾到血，以為發生了什麼大事，但當時她還小好像還搞不懂，我就含糊帶過了。我應該要在什麼時候重新跟她說明比較好？」——8歲孩子的媽媽

「我第一次月經比同齡朋友還要更早來，當時什麼都不懂，還以為得了不治之病、嚇了一跳。所以我連我爸媽都沒有說，只是自己一個人哭。」——31歲的女性

為什麼會煩惱該如何說明月經呢？不是因為不知道月經是什麼，而是因為覺得開口說月經很尷尬的關係。所以，在說明之前，我們必須先改變對月經的認知。

在我第一次月經來的時候，最先學到的事情是「怎樣才能不被發現」，像是經血不會沾到任何地方、能徹底隱藏生理用品，還有怎樣才不被人看到的攜帶法、忍耐生理痛、消除經血異味等等方法。當時沒有人用正面的態度談論月經，或告訴我月經時會出現的各種狀況。所以，不論是經前可能出現的症狀，或是經期會遇到的事情，都是我經歷了10年左右的月經後才真正搞懂的。

我相信大家不會希望孩子花10年去經歷各種痛苦、不舒服，最後才了解這是什麼回事，或是

每當朋友遞來生理用品時，一定要搞得像是執行間諜任務一樣隱密，更不願意他們自己一個人忍耐月經帶來的疼痛。

月經是所有女性幾乎都會發生的生理現象，是非常理所當然的事，只要擁有健康的子宮跟卵巢機能，就一定會遇到。月經平均會持續30年，換句話說，女生在一輩子當中至少會經歷300次月經。然而，雖然說是很自然的事情，但我們並不會隨意對任何人提到自己的月經，並非因為這是「女性才有」的現象，或月經是「需要害羞」的事情，而是因為這是件「私事」，但這不代表我們不需要對月經有足夠的了解。

月經是有一半的人口會遇到的自然生理現象，所以我不理解為什麼要隱藏。若我們把月經視為禁忌或是將其神祕化，就無法正確瞭解月經，我們甚至不知道用躲躲藏藏的方式所得到的資訊是否有誤。月經是肯定會發生在我們身上或周遭的事，應該要更正確了解它。

向孩子說明月經時，要記得這是一件很普遍的事。用輕鬆的態度讓我們的女兒對月經抱有正確的認知並大方面對，也讓我們的兒子了解女性的生理構造，不要對月經一無所知。

所謂的月經，就是在卵子從卵巢中排出去的同時，原本為了受精卵著床而變厚變軟的子宮內膜剝落而出現的現象，此時剝落的子宮內膜會伴隨出血，經由陰道流出。

月經平均來說以28天為週期，持續的天數約為5天。但這只是平均數字，每個人的月經週期與天數都不一樣，經血量雖然也有差異，但一般來說為80毫升。經血會經由陰道間歇性地流出，是一件沒辦法由自己控制，或可以忍耐不讓經血流出來的事。

那麼，要如何跟小學階段的孩子說明呢？

第一，要先掌握孩子們目前已經知道的知識有哪些，是否瞭解女性的身體器官，以及是否看過月經來的樣子，確認這些問題後再來跟他們說明。因為要先知道子宮、卵子、精子、卵巢、陰道，才有辦法理解月經，對吧？

第二，請注意不要用負面的態度說明，但也不需要把月經形容成美好的事物來崇敬。月經是出現在我們身上的自然現象，若把月經闡述得太高貴神祕，反而像是在強調「月經不正常」的另一種說法罷了。請讓孩子能單純把月經當成一種自然生理現象。

第三，兒子也要學習關於月經的事情。月經是世界上半數人口會遇到的、非常普遍的事情，所以另外一半的男生也應該要知道。為了讓男孩子能體貼月經中的媽媽、朋友、姐妹或未來的伴侶、同事，男生也應該要了解月經才行。

如果大家都能正確理解，正值經期的女性也能舒坦地度過這段時間。例如在計劃家族旅行時，也要考慮到家人的月經週期或是需要採購的生理用品等等，月經在日常生活中也是件重要的事情，我們不應該讓女兒認為需要看其他人的臉色來尋求諒解。

最後一點，要教小孩「月經」這個正式的名稱。在前面已經說到進行性教育時，一定要使用正確名稱的原因了。月經教育也同理。因為「大姨媽」並非正確名稱，請使用最正確的用詞去稱呼出現在身上的每一種生理現象，包含「月經」。

不過大部分的人提到月經時，甚至連「生理期」這種單詞都沒辦法說出口，時常用「那個來」、「大姨媽」等代稱，這是因為我們以前把月經認知成需要隱藏的、令人害羞的事情。從今以後，為了讓孩子能正確地稱呼，請直接用「月經」這個字來教他們。

關於月經的謠言

※經血是「髒血」

有很多人說，經血是原本淤積在子宮內的血，所以很髒。因為經血一直被當成髒東西，所以商家在推銷生理用品時會特別強調香味。但是，經血並非不乾淨的東西。

月經週期間，為了做好懷孕的準備，子宮內膜會增厚，同時排出卵子。卵子大約是在月經週期的第14天被釋出，同時間，用來提供養分的子宮內膜也已經變厚，準備讓胚胎著床發育。但如果並未懷孕的話，用不到的子宮內膜將會崩解，形成月經；其散發出的氣味也不是經血本身的味道，是因為血遇到空氣氧化的緣故，所以再次強調，經血絕對不是髒血。

※月經是懷孕失敗

對於想要受孕的人來說，月經來了代表懷孕失敗的意思。然而，月經並不表示懷孕失敗，而是身體主動拒絕懷孕的現象，因為我們的身體會自動選擇最好的狀態而受孕。

卵子會選擇機能健康的精子，雖然有的狀況是精子根本沒有出現，但一般情況下，不論有再多的精子，如果卵子不去選擇的話就不會受精。

除此之外，子宮內膜細胞也會區分胚胎是否健康。一旦辨視為不健康的胚胎，子宮便會拒絕著床，是非常精明又聰明的身體器官。

※男生比較容易聞到經血的味道

有一個非常荒唐的傳聞是，男生比較容易聞到經血的味道，這件事已由婦產科專科醫師證實為錯誤訊息。目前為止，並沒有任何證據顯示男生因為具有某種荷爾蒙，所以鼻子特別靈敏能聞到月經氣味。如果有什麼原因可能讓男生比較容易聞到經血的味道，大概也頂多是因為男生不像女生那樣熟悉這個氣味而已。

Column 01

練習說明月經

10歲的小孩看到了生理用品後，這樣問了媽媽：「那個是什麼啊？為什麼妳每次去廁所都要帶著那個進去？」

這時候要怎麼跟他們說明呢？首先，應該要掌握孩子們目前已經知道的知識到哪種程度。如果孩子已經知道女性的內生殖器（子宮、卵巢、陰道等），就可以使用正確的單字來說明懷孕與性。

「這個東西叫做衛生棉，女生的身體開始成長時，會有一種叫做『月經』的東西出現，這就是那個時期會用到的東西喔。女生的卵巢為了懷孕，會製造一種叫做『卵子』的細胞。大部份的人一個月會產生一個卵子，卵子被製造出來的同時，子宮也會做好懷孕的準備，讓子宮壁會變得更加厚實。不過，要是那個卵子不想要懷孕的話，就會因為派不上用場而從身體排出去，到那時候原本變得厚實的子宮壁也會一起剝落而從陰道流出，因此血也會一起流出來。但這個跟我們尿尿不一樣，沒辦法先忍著再去上廁所，所以為了不沾到內褲，會使用『衛生棉』幫忙吸收流出來的血。」

請儘量不要用「大姨媽」或是「好朋友」、「那個來」來表達月經。為了幫助孩子理解，也可以使用圖片資料。

配合孩子目前已經知道的知識來說明，他們沒有問到的部分就可以不提。在上方的例子當中，孩子是對「生理用品」好奇，所以沒有說明到懷孕、經痛跟停經也沒關係。當然，如果回答後孩子又發問的話，就可以往下解釋了！

16
月經

女兒因為經痛而難受，怎麼辦？

「我常常生理痛到沒辦法去學校。雖然可以請生理假但也只能請一天，我也很擔心會影響課業，覺得壓力很大。」——學生，國三

「女兒的經痛很嚴重，但因為我不會經痛，所以不太知道該怎麼幫助她。買了止痛藥給她，但又擔心吃藥產生抗藥性，好像也不能每次都吃，非常擔心孩子。」——13歲孩子的爸媽

胸部痛、肚子痛、腰好像快斷了、消化不良、情緒敏感、乾嘔、頭痛、拉肚子、發冷、上吐下瀉、頭暈目眩等，經期有各式各樣的症狀，而經痛的程度也因人而異。因為經期問題而承受許多巨大痛苦的女性不計可數，也因此不會經痛的人還會被說是受到「幸運女神眷顧」。

我們經常看著經痛很嚴重的孩子，非常心急想要幫助，卻又無可奈何。如果各位的孩子正飽受難耐的經痛之苦，那一定要更了解經痛的起因，才能找出解決辦法。

經痛分為原發性跟續發性這兩種。原發性經痛一般來說是在月經期間，因為子宮的收縮運動而產生疼痛，這是自然反應。另一方面，續發性經痛則是因其他疾病而導致經痛變嚴重的情形。

〔經痛的成因與症狀〕

原發性經痛	項目	續發性經痛
子宮收縮、前列腺素過度分泌	原因	子宮內膜異位症、子宮腺肌症、骨盆發炎等疾病
月經開始前後1～2天	發生時間	月經開始前1～2週、 月經期間持續3～5天
有下腹刺痛的症狀，偶爾會頭痛、嘔吐、腹瀉、發冷	症狀	有跟原發性肌痛類似的症狀，性交時疼痛、不規律的陰道出血

原發性經痛跟續發性經痛兩者之間的不同之處在於持續的時間。如果經痛是從月經來的前一天到經期頭兩天中發生，那就是原發性經痛。不過，如果經痛從月經來的前一到兩週就開始，或是經期第三天後還持續疼痛的話，就要懷疑是續發性經痛了，續發性經痛有可能是肌瘤、子宮內膜異位、骨盆發炎等類似的相關疾病而導致，這種情況下，一定要去醫院查明病因並治療，無法光靠吃止痛藥達到作用。

不過也有雖然是原發性經痛，卻痛得非常厲害的情形。我們體內會分泌一種叫做前列腺素（Prostaglandin）的荷爾蒙。前列腺素的功能是幫助子宮進行收縮運動，藉此來排出經血。然而，如果這種荷爾蒙分泌過多，那子宮就會劇烈收縮，造成強烈的疼痛。遇到這種情形可以藉由止痛藥獲得幫助，如果痛得難以忍受，也可以到婦產科取得調整荷爾蒙的藥物處方。

我們必須先了解經痛的成因，才能為孩子們對症下藥。如同我前面所說到的，如果是續發性經痛的情形，最好就醫尋求專業協助；若是原發性經痛的話，隨著疼痛的類型不同，治療的方法也會跟著不同。

子宮劇烈收縮時，也可能出現下腹刺痛不已或痛到難以活動的嚴重疼痛。這種時候請好好休息，用熱水袋來溫暖下腹部，化開結在子宮內的經血，也能幫助子宮更輕鬆地進行收縮運動。雖然有人說不要光是躺著，做點運動或伸展比較好，但運動或是飲食療法都需要平常持續進行才有效，此時建議還是好好休息。

月經來的時候也會有拉肚子的情形，這是因為子宮跟腸子的位置非常接近的關係。子宮動的時候刺激到膀胱跟腸子，才會導致常常跑廁所的狀況。這種時候只要在月經期間多注意飲食就好了。飲食以溫熱的食物為主，比起冷飲或高咖啡因的飲料，更建議多喝水。此外，多吃蔬菜比多吃肉好，因為蔬菜中含有幫助消化的營養，能有效幫助身體順利運作。當然，適合每一個人的食物都不一樣，所以會有些許差異。

若是經期中體溫下降、感覺冷並有頭暈的情形，也可能跟貧血有關。遇到這種情況要藉由食物或保健食品來攝取充足的鐵質，而且一定要充分休息。

除此之外也還有很多不同的方法，每個人適合的都不一樣。多嘗試看看各種做法，才能找到對自己最有效的舒解方式。不過，要是疼痛得非常嚴重，那上面這些方法可能作用都不大，只有止痛藥是上上策。

很多人對於藥品抱持著負面的觀念。不過跟忍耐經痛帶來的痛苦與壓力相比，藉由止痛藥能夠快速復原，也不會影響到日常生活。唯一需要注意的地方，就是要避免使用含咖啡因的藥品。止痛藥本身沒有抗藥性或成癮問題，但若長期服用含有咖啡因的藥物，可能就會產生抗藥性。因此希望大家可以選擇不含咖啡因、且符合自己身體狀態與症狀的止痛藥。

止痛藥分為中樞止痛藥跟非類固醇消炎止痛藥（NSAIDs，布洛芬類）這兩種。中樞止痛藥想得簡單一點，就是能提高我們身體對疼痛的標準，也能抑制前列腺素的生成，藉此來緩和疼痛，例如普拿疼、斯斯或乙醯胺酚等都是代表性的藥物。不過這類止痛退燒藥會加重肝的負擔，不建議給肝功能不佳者使用。

另一方面，非類固醇消炎止痛藥會阻斷前列腺素的生成，對經痛非常有效，代表藥物有阿斯匹靈、布洛芬、日本的EVE（イブ）跟Bufferin Luna i等，但此類藥物可能會加重腸胃、腎臟負擔，請務必評估後再服用。

17 誕生的好奇

我是從哪裡來的呢？

「小孩是從哪裡出生的啊？我朋友說是從屁屁出來的，真的嗎？」——學生，四年級

「孩子的功課是要寫出誕生時的故事。在聊的途中，他突然問我自己是從哪裡出來的？我有點慌張，跟他說是從媽媽的雙腿中間出來的，也不知道這樣說正不正確。」——10歲孩子的爸媽

關於孩子的誕生，各位聽過什麼樣的故事呢？是從橋下撿來的？還是從石頭迸出來的？或者是送子鳥叼來孩子的故事呢？荒誕無稽的說法真的有很多種。但最近不論是幼稚園或是托兒所都在實施性教育，很早就開始教孩子精子跟卵子相遇的神奇故事。不過通常不會太詳細，還是有相當多的好奇無法靠這種故事解開，而且好奇心在上小學後，也會隨著年紀增長。

「所以小孩是從哪裡出來的啊？」、「『那裡』是哪裡啊？」到了小學後，孩子依然會有這樣的疑問，因為這些「有趣的小故事」中，都缺乏了真正必要的資訊，也就是關於我們的身體構造、性器官的資訊。上面的問題答案其實很簡單，「就是經過女生身上的陰道出來的啊！」如此一來，孩子又會問「陰道是什麼啊？」

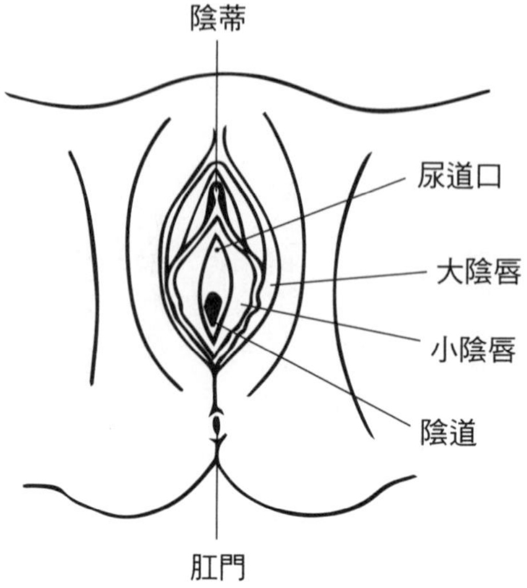

陰道是連接女性的外生殖器跟內生殖器的器官，而陰道入口在大陰唇跟小陰唇的內側。陰道跟肛門的距離比我們想像的還要近，而陰道跟肛門之間的這段稱為會陰。陰道會連接到子宮，因此為了保護我們的身體免於外在的細菌感染，會呈現弱酸性且出現陰道分泌物，藉此達到自主清潔與維持陰道內的酸鹼度的作用，我們的身體真的很聰明！

學習身體名稱與構造時，也應該要一起學性器官的構造。像是我們用歌唱來學習頭、肩膀、膝蓋、眼睛、鼻子、嘴巴時，就應該要一起唱得出性器官的構造。如果還覺得開口聊性器官很尷尬的話，那就該重新再讀一遍第一章了。既然我們可以毫不在意地講出「眼、鼻、口」一般，應該也要能接受「陰唇、陰道」才對。

好的，說明完陰道，接下來就要進到下一個階段了。一般來說會有像「但嬰兒很大隻耶，陰道有辦法變那麼大嗎？」的問題跟著出現。因為陰道是肌肉組織，可以很有彈性地擴張跟收縮，讓嬰兒從子宮中順利出來，嬰兒經過陰道後脫離媽媽的身體，這就是「生命的誕生」。

18
性慾望

發現孩子「自慰」怎麼辦？

「雖然說自慰是很自然的行為，但我不太能接受。一般女孩子應該不會做吧？要是看到小孩自慰，我實在是不知道該做何種反應。」——11歲孩子的爸媽

「這麼小的年紀，要是太常自慰會不會產生什麼問題？孩子要我送他衛生紙當禮物，跟他聊聊看，孩子卻說『爸你把衛生紙放著就好』。」——12歲孩子的爸爸

不論在哪個領域裡，教育都不會漏掉關於自慰的課題。雖然明知道自慰是「自然的行為」，但內心跟腦中卻無法一致，心情上依然很尷尬，之所以會這樣的原因大致上有兩種。

首先，是自己對於「性」的尷尬。前面我已經說到，所謂的性教育不只攸關性方面的行為，同時也有助於促進人際關係，能對自己與他人有更深的理解。

然而，我們對於性仍然抱持著尷尬跟負擔的心態。其實這是理所當然的現象，性教育講師們也是，直到能用自在的態度面對「性」為止，都花了很長的時間。因此，要在家裡實行性教育的話，最好提前做準備，必須確保自己處於合適的狀態，才有辦法跟孩子對話。

請寫下自己對於自慰的感覺、想法跟印象吧。完成之後很重要的一個部分是，要找出來自己是對哪個部分覺得尷尬，而且要試著解決這一點。如果想到自慰會產生像是「很骯髒」、「不純潔」之類的感覺，那就有必要思考自己為什麼對於「消除性慾」這件事會有負面的看法。此外，也要反思是不是自己對自慰有誤解或吸收過錯誤知識？是不是受到社會風氣或性別刻板印象的影響？也可以跟配偶或朋友聊聊這方面的想法。

另一種可能，是因為我們把小學生當成一種無性別的存在。在社會上，比起把小學生當成一個具有主體性的個人，更容易把他們歸類為子女或學生等依附性的存在；比起讓他們自己去做判斷跟下決定，小學生更被視為需要我們管理與保護的對象。所以我們才將兒童認定為一種無性別的存在，無條件保護他們遠離「性」的一切。

然而，「性」並不是在年齡、智商、經濟能力等某種條件許可後，才能解鎖的特權。不論任何人，在出生的剎那便已經具有「性」這個組成要素，我們要承認，比起作為「自己的孩子」，更重要的是作為「一個人」的存在。

自慰的基本禮儀

※僅限於私人空間

自慰是極為私密的行為。如果違反他人意願自慰給別人看就是一種性暴力。所以，如果不是在雙方同意的狀態下，一定要在只有自己的空間內進行。

但也有些狀況沒辦法徹底確保空間的私密性。舉例來說，孩子沒有自己的房間，或是就算有，但無法上鎖或呈半開放式。如果很難把空間獨立出來，請跟孩子說明可以將浴室、廁所的門鎖起來，藉此製造出暫時的私人空間。進一步來說的話，想避免陷入雙方都很尷尬的窘境，平常一定要尊重孩子的私人界線，不隨意打開房門。

※保持清潔

生殖器不但很敏感，也容易遭到細菌感染，所以自慰時保持清潔很重要。不只是自己的生殖器，還有手、自慰道具等等，都要清洗乾淨。

※安全第一

請跟孩子說，一定要把安全視為最重要的優先條件。首先，自慰時要小心不要讓生殖器或其他身體部位受傷。提醒孩子先剪指甲、不要用自慰道具以外的東西等等，而且不要讓孩子沉迷自慰，以免妨礙日常生活和健康。

※不要忘記清理收拾

如同擅自自慰給別人看是性暴力一般，自慰後沒有清理好的痕跡，也會帶給別人不舒服的感覺。我們在擁有自己身體自主權的同時，也要為自己做出的選擇和行為負責任，請跟孩子確實說明，自慰後好好整理乾淨，也是自己份內該做的事。

關於自慰的誤會與真相

※只有男生會自慰嗎？

自慰是自己滿足自己慾望的行為，不只是撫摸自己身體，也包含了性幻想。可以藉由自慰來探索並理解自己的身體，因此不分男女、年齡，任何人都可以自慰。

※自慰容易長不高？

有傳聞說，如果在發生第二性徵的青春期經常自慰的話就長不高，或是可能對身體發育造成阻礙。只要稍微思考一下，就會知道這是錯誤的知識。自慰是受到性荷爾蒙的影響，而身高是受到成長荷爾蒙的影響，兩者之間沒有任何相關。

※經常自慰的話，生殖器的顏色會改變？

生殖器的顏色從一出生時就被決定好了。只是進入青春期後，會隨著第二性徵的發育逐漸呈現出自己原本的顏色。不管是自慰還是性關係的次數，都跟生殖器的顏色完全沒有關聯。

※自慰陰唇就會變大片？或是陰莖會變彎？

陰唇跟陰莖的模樣會隨著成長逐漸改變，因此只是有可能看起來跟之前不一樣，並不是因為自慰才產生外觀的變化。人的身體不會那麼輕易改變，如果僅僅是因為自慰，生殖器的外觀就可以改變得不一樣，那為什麼這麼多人還非得投入時間跟努力動整形手術呢？除非受到激烈刺激，生殖器都會保持原本的樣子。

Column 02

撞見孩子自慰時，該如何處理？

「那天我進到孩子的房間，我的天！他正在自慰，甚至還邊用手機看著成人影片邊自慰。我跟孩子一對上眼就立刻關上房門出來了，但孩子有好一段時間都不從房間裡出來。這種時候該怎麼處理比較好呢？」

如果發生家長從房裡出來後，孩子把自己關在房間很久的狀況，這應該表示平常沒有跟孩子進行過性方面的談話吧。在這種情況之下，不論是突然解釋自慰或是進行教育都不好，因為父母也好、孩子也是，都會感到非常尷尬。

相反地，先什麼話都不要提反而比較妥當。然而，沒有敲門就打開房門，這無疑是不尊重孩子界線的行為，請務必為這個行為道歉，就算沒有撞見到孩子的自慰行為，擅自闖入房間也是錯誤的事情。

如果親子之間已經能聊性事，也已經熟悉上述內容，那請教孩子關於自慰的基本禮儀。請注意，對自慰本身不要抱持負面的情緒。萬一責備小孩在看色情影音書籍或是沒收手機，跟孩子之間的性對話可能立刻就中斷了。孩子的行為受好奇心驅使的自然反應，就算看不順眼也請暫時忍耐。

比起阻絕性方面的影音書籍，重要的是要讓孩子就算看了這方面的資訊，也不會對性產生偏頗的認知。小孩需要具備能分辨健康與不健康媒體的能力，這部分會在後面章節更詳加說明。

19
健康事項

沒有懷孕，為什麼要去婦產科？

「孩子說下面一直癢癢的，但這個年紀帶他去婦產科還太小了吧……」——10歲孩子的爸媽

媽媽們是從幾歲開始看婦產科的呢？現在有在固定看婦產科嗎？這些跟「去看婦產科」相關的問題之中，常常包含著「『一定』要看婦產科嗎？」的疑問。雖然這個世界已經改變了不少，但大家對於婦產科的認知好像依然沒有改變。看到穿著制服的少女走進婦產科，大家的眼神就會震驚不已，開始議論紛紛。

幾年前有一個女歌手才剛入院，就被懷疑是去做人工流產。接著，在那篇報導下面就出現了類似「傷風敗俗啊」、「是不是去偽造診斷書？」、「很常發生偷偷懷孕然後生下孩子的狀況呢」的惡意留言。對此，該歌手在社群網站上，上傳了「為什麼女藝人上婦產科都要躲躲藏藏的呢？我希望我們可以直接去看內科跟外科，所有的女藝人都可以大方地去醫院。」這樣的文章。

這不光是女藝人身上才有的問題。我們社會的性別意識與錯誤的觀感混合在一起後，對一般

女性的健康造成了威脅。因為婦產科有讓女性難以踏入的這種社會氣氛，不但可能令生病的人延誤就醫，也會誤導大眾對性健康的認知。

婦產科是結合了負責生產的「產科」，跟負責女性疾病的「婦科」而組成的，不是非得要懷孕、生小孩時才能前往的地方。其實有些婦產科醫生甚至建議，為了健康著想，從月經開始的青春期，就可以定期前往婦產科檢查。婦產科應該要是不論有沒有結婚、懷孕、年紀大小，任何女性都可以自在前往的地方。

然而，根據韓國女性協會的調查，第一次前往婦產科的年齡，20幾歲占多數（76.7%），接著是30幾歲（12.3%），主要是為了確認是否懷孕而前往。到目前為止在社會認知中婦產科跟懷孕、生小孩都有絕對的關聯。然而這種想法，也會導致社會大眾將未婚性行為貼上「不正常的、錯誤的」標籤。

最後導致的結果就是女性們難以守護自己的健康。韓國保健社會研究院曾發布，成年女性雖然遇上了攸關生殖健康的異常警訊，但仍有超過一半以上（56.9%）的人不願意前往醫院。究竟是誰將女性從為了女生而成立的專科醫院趕出去呢？也有很多人為了逃避社會的目光，而總是跟媽媽、朋友、男朋友或先生一起去婦產科，這也不是很正常的情況。

是否能自在前往婦產科這件事充分顯示出，社會規範與性意識對於女性身體的看法。為了守護孩子的健康，請盡力改變這些錯誤的認知，打造一個讓所有女性都能毫無顧忌前往婦產科的社會吧。

為了不讓孩子對婦產科有負面的觀感，必須要降低孩子對婦產科的心理障礙。請先說明婦產科是做什麼的地方，讓他明白婦產科是任何女性都可以去，也是為了自己的健康會前往的地方。孩子可能因為「『婦產』科」這個名稱，而認為是只有產婦或已婚女性才會去的地方。為了改變這種想法，也請跟孩子說最近也有人提倡要把「婦產科」的名稱改為「女性醫學科」[3]。

同樣的，孩子也必須知道在什麼情況之下需要去婦產科。當發生陰道炎、外陰炎、月經不順、不正常出血等狀況時，都可以去醫院接受治療。也建議如果要前往婦產科的話，先讓孩子知道需要填寫什麼文件，並提醒孩子，在婦產科可能會問到生理期的時間、有無性經驗或懷孕的可能性等問題，這個過程是為了找出最適合的治療方式。這樣說明是為了預防第一次前往婦產科時孩子可能會感到慌張，藉由對話來減少面對婦產科時的負擔感與憂慮，也是希望孩子能將醫院當成只要自己感到不適時，隨時都能求助的地方。

最後，要讓孩子知道自己的選擇權。舉例來說，可以選擇要使用哪種陰道鏡。很多女性不喜歡陰道鏡的冰冷觸感，如果覺得這樣不舒服，也可以使用塑膠材質製成的拋棄式陰道鏡。除此之

3 譯注：韓國近年考慮將「婦產科」正名，以改善韓國女性就醫的現況。

外，也可以要求接受隱密的治療，或是提出在接受治療之前、能針對療程做說明的要求。

遇到以下狀況，一定要前往婦產科

- 分泌物呈現黃色、黃綠色，或是伴隨著出血。
- 分泌物出現腥味或惡臭。
- 因為經痛導致無法正常生活。
- 孩子抱怨陰唇、陰道入口等會搔癢。
- 陰唇出現疹子或皮膚出現傷口。
- 嚴重月經不順或不正常出血。

20
健康事項

分泌物多就是「陰道發炎」嗎？

「孩子覺得很癢、一直抓下面。雖然叫她不要這樣但好像沒辦法忍受。」——11歲孩子的爸媽

「聽說分泌物很多的話就是陰道炎，青春期的時候也會這樣嗎？」——12歲孩子的爸媽

「陰道炎」，只要是有過這種經驗的人，光聽到這個字都會搖搖頭。我是經常感染陰道炎的人，記得我高中的時候，還因為陰道炎的分泌物太多了，以致於不是經期也是需要用衛生棉才能活動。如果陰道炎沒有早期治療，有可能會演變為慢性陰道炎，因此發現異狀時最好能盡早讓孩子接受治療，那麼我們就以陰道炎相關為主軸，來瞭解看看吧。

陰道炎雖然是一種性傳染病，但感染原因不只因為性行為關係。女性經常會得到這種疾病，頻繁的程度甚至被形容成「女性的感冒」，陰道炎會因為壓力、疲勞、免疫力不足、黴菌等因素而發病。因此跟有沒有發生性行為，或跟年齡都未必相關，任何女生都有可能得到陰道炎

陰道炎的症狀

- 陰唇或陰道入口周圍有搔癢感。
- 陰道分泌物變多、變稠還有結塊。
- 陰道分泌物呈現出白色豆腐渣的樣子，或顏色呈現黃色、綠色或咖啡色（正常的分泌物是不透明的白色，帶點些許黏性）。
- 陰道清洗乾淨後還是會散發腥味（正常的陰道因為是弱酸性，可能出現酸味）。
- 清洗或排尿時，陰部覺得刺痛或不舒服。

如果有以上情形，就可以合理懷疑是陰道炎，必須前往婦產科治療。陰道炎有可能是受到黴菌、細菌與病毒等感染，假設沒有確實消滅引發陰道炎的病菌，很有可能會反覆發病。陰道炎是擅長玩捉迷藏的專家，經常會潛伏一陣子後又出現，所以直到療程結束為止都不能中斷醫院的治療。

為了消除陰道炎，也有很多人會使用肥皂或私密處清潔劑來清洗陰部，但這絕對不是一個好方法。因為陰道處於弱酸性，才能藉此抵禦從外部跑進來的細菌們，然而，若我們使用鹼性或中性的肥皂、沐浴乳來清理陰唇或陰道的話，維持陰道酸鹼度的乳酸菌也會因此消失得無影無蹤，如此一來，等於是破壞陰道內的酸鹼平衡，反而會讓陰道炎變得更嚴重。女性私密處清潔劑也是一樣，建議接受醫院的治療時才使用，最好一個禮拜使用一次就好。事實上，只用流動的清水來清洗陰部才是最好的方式。

為了預防陰道炎，以下有幾個要點——

第一，提升免疫力。陰道炎容易在壓力大或免疫力低下的時候發生。請提升免疫力來照顧生殖器的健康。

第二，請穿著舒適的內褲。過於緊身或不透氣材質製成的內褲，對生殖器而言並不健康。棉質是最好的材質，而且比起非常貼身的類型，寬鬆且通風良好的內褲會比較好。

最後，請攝取健康的飲食。麵包、麵粉類、動物性乳製品、肉類、飲料、啤酒等，這些都容易引發陰道炎。為了能培養陰道內的乳酸菌，建議可以攝取含有較多乳酸菌的食物，像是豆類製品、奶酪或優酪乳。

21
健康事項

孩子得了性病怎麼辦？

「孩子上廁所的時候非常痛，連覺都睡不好，帶他去醫院檢查竟然說是性病。我實在是太生氣、也很無言……」——11歲孩子的爸媽

性病，聽起來離我們的小孩很遠，然而青少年的性病感染率卻是每一年都在增加。而且要是第一次性關係發生在小學時期，那性病感染率更會提升3.3倍，我們研究了參與「青少年健康行為線上調查」的青少年，分析出他們的性經驗與性病感染率之間的關係，結果發現在有性經驗的青少年當中，高達10%曾有感染過性病（淋病、梅毒、披衣菌感染、生殖器長疣、單純皰疹、尿道炎、骨盆發炎、愛滋病等）的經驗。由此可知，如果平常缺乏性教育，將導致青少年毫無防備地面臨性病侵襲。

如果孩子得到了性病，也就是性傳染病，當務之急當然是帶他們前往醫院就診。因為不論孩子做出多荒唐的行為，健康都還是最重要的。但結束診斷後，各位會講什麼話呢？想必會不知道該講什麼，即便內心心急如焚，卻也只能嘆息。

雖然要接受這種狀況不容易，但請先顧慮到孩子的狀況與情緒。雖然有些性傳染病沒有症狀，但如果是嚴重到忍不住，且被爸媽發現而必須要上醫院的程度，那孩子一定也是經歷了相當大的痛苦。像是比較普遍的尿道炎，每次上廁所時都會又熱又痛；又如果是皰疹，每當長在生殖器上的水泡破掉的同時，孩子也需要忍著疼痛和眼淚。處在這種狀況下，他也應該很煩惱吧，想要去醫院看看，但需要錢以及父母陪同，所以才會在做了很多心理準備後跟我們求助。

如果各位能考慮到孩子的狀況與情緒後再說話，那不舒服的經驗也能轉換為充滿信賴感的回憶。像是「應該很痛吧。你一定煩惱很久了，不過謝謝你鼓起勇氣跟我說。」

在聯合國教科文組織（UNESCO）的世界性教育方針當中，把「性傳染病與性健康」納入到必要教材裡。然而實際上在性教育的第一線，卻常有未按照該方針實行的狀況，因為大部分的學校規劃的，都是為了防止性暴力而進行的性教育。然而，若聽聽青少年的想法，就會發現他們對性傳染病其實充滿了疑惑。

在家裡聊到性傳染病的時候，把重點放在「性健康」上會讓人感覺比較好。就像得了感冒去醫院拿處方藥、接受治療一般，性傳染病也是一樣，需要受到治療。如果性病像感冒那樣大家都知道有什麼狀況，或是像青春痘一樣症狀顯而易見，那治療就會很順利。但因為性病不容易從外觀辨識、也難以釐清症狀，所以時常錯過最佳治療時機。也因此，平常就要先了解自己的生殖器在健康的狀態時是長怎樣。

我們必須要先知道自己陰唇的外觀長怎樣，才能分辨有沒有長瘤、痘痘或皰疹吧。還有，月經扮演著女性健康警示燈的角色。月經的多寡、經痛的程度、週期的長短、陰道分泌物，平常就要留意自己的經期狀態，如果出現異狀才能盡早就醫。

陰莖也是同樣道理。請跟孩子說要從外觀上確認有沒有瘤、皰疹或痘痘等等，然後提醒孩子要記得平常尿尿時的感覺，因為如果得到性傳染病，男性通常會先從排尿時的疼痛感發現異樣。

性傳染病的可疑症狀

雖然性傳染病也會有無症狀的感染者，但若出現以下情形，還是建議前往醫院檢查。

- 生殖器出現傷口、瘤、疣或潰傷等。
- 生殖器、肛門、大腿根部、陰部感覺搔癢或刺痛。
- 生殖器的皮膚紅腫。
- 下腹疼痛且不舒服。
- 尿尿時有熱辣的痛感或是不舒服。
- 小便顏色呈現紅色或混雜著血液排出。
- 尿道出現不正常的分泌物。
- 非月經期間陰道出血，或是月經持續太久。

・陰道分泌物散發出氣味，或是顏色（變成黃綠色、白色、咖啡色）、分泌量產生變化。
・洗澡清理後，陰道仍發出腥味。
・發生性行為時感覺疼痛。

性傳染病的治療

在醫院接受性傳染病檢查後，若確診罹患性病，請一定要接受完整的治療。很多人會因為覺得去婦產科或泌尿科很羞恥，本來應該要持續接受治療，卻不願意去。也有人因為症狀暫時消失了，便自己任意停藥的狀況。

性傳染病的潛伏技術可說是非常高超，如果沒有徹底治療、消除病因的話，就會先在潛伏期中躲著，一旦身體的免疫力下降，就會跟著更加惡化的症狀再趁機出現。所以如果得到性傳染病，一定要徹底根治。

另外，發生性行為的性伴侶，也務必要治療。若只有一方接受醫治，便會透過性伴侶再次感染，這個被稱為「乒乓感染」。所以萬一自己確診，請務必告知性伴侶，也可以跟對方說要一起接受治療。

22 健康事項

需要打子宮頸癌疫苗嗎？

「我在跟其他媽媽們交流資訊時，聽到打子宮頸癌疫苗的副作用很嚴重。所以大家都不希望孩子打疫苗。」——12歲孩子的爸媽

「這個預防針除了子宮頸癌外，也能預防其他疾病嗎？男生要打嗎？」——11歲孩子的爸媽

關於子宮頸癌的議論可說是層出不窮，像是進行疫苗接種比較好？還是不要做比較好呢？在教學現場也經常聽到這些煩惱。首先，我們需要先正確瞭解什麼是子宮頸癌，還有疫苗是用來預防什麼。

對全世界的女性而言，子宮頸癌是第四常見的癌症。根據韓國保健福祉部，每年有三千六百名左右的女性確診子宮頸癌，而平均每天有2～3人因子宮頸癌而死亡[4]。令人驚訝的是，僅管癌症難以被查明病因，但子宮頸癌卻是唯一一個已經有「預防疫苗」的癌症。即使如此，確診罹患子宮頸癌的女性依然每年都逐步成長，特別是三十歲以下的年齡層，其感染者數量已超過兩千人。之所以會產生這個現象，是因為性的社會風氣，以及關於子宮頸癌的知識不足，這兩者結合後所產生的問題。

關於HPV與預防疫苗的真相

※子宮頸癌的成因是什麼呢？

子宮頸癌的成因是人類乳突病毒（HPV, Human Papilloma Virus）。女性跟男性都有可能感染HPV，傳播方式主要是透過性接觸。感染後不會有特別的症狀，所以很難在早期發現。雖然一般來說大家知道HPV是引發子宮頸癌的病毒，但除了子宮頸癌，HPV也是其它生殖器病變，如外陰部癌、陰道癌、肛門癌、生殖器疣跟腫瘤等的病原體。其中，生殖器疣跟肛門癌在男性跟女性身上都會發生，因此不論性別都需要預防HPV。

※子宮頸癌疫苗有好幾種，有什麼差別嗎？

目前台灣與全球核准的子宮頸癌疫苗有二價保蓓（Cervarix，藥廠為荷商葛蘭素史克GSK）、四價嘉喜（Gardasil 4，藥廠為美國默沙東MSD）、九價嘉喜（Gardasil 9，藥廠為美國默沙東

---

4 編註：據衛福部二〇一九年統計，台灣國內每天有近4人診斷罹患子宮頸癌、近2人死於子宮頸癌。

〔子宮頸癌疫苗接種內容〕

疫苗名稱	保蓓(二價) Cervarix		嘉喜(四價) Gardasil		嘉喜9(九價) Gardasil 9	
適用對象	9-14歲 女性	15歲以上 女性	9-13歲 女性	14-45歲女性 9-26歲男性	9-14歲 女性及男性	15-26歲 女性及男性
接種劑數	2*	3	2*	3*	2	3
第1劑	第0個月		第0個月		第0個月	
第2劑	第1劑後 6個月	第1劑後 1個月	第1劑後 6個月	第1劑後 2個月	第1劑後 6個月	第1劑後 2個月
第3劑	X	第1劑後 6個月	X	第2劑後 4個月	X	第2劑後 4個月
預防型別	HPV16、18		HPV6、11、16、18		HPV6、11、16、18、31、33、45、52、58	

* 若第二劑接種時間距離第一劑少於5個月，則須再接種第三劑。　資料來源：衛福部2019.12月

MSD），這三種都能預防佔子宮頸癌約80%成因的HPV16型跟18型，保護力約10年。如果要說其中差異，就是四價嘉喜還能預防引發生殖器疣（俗稱「菜花」）的HPV6型跟11型，而九價嘉喜則比其它兩種疫苗多包含HPV31、33、45、52、58型等總共9型，能夠預防外陰部癌、肛門癌跟腫瘤等。

有免費的接種疫苗嗎？

政府有針對國中青少女提供補助公費施打，非補助對象或不想施打公費的疫苗種類，也可以至有提供HPV疫苗接種的醫療院所自費接種。目前疫苗市價約3000～5000元不等。

※接種期間不太一樣，這有什麼差別嗎？

雖然從九歲到四十五歲都能接受疫苗接種，不過根據年紀不同，接種的次數也會不一樣。以嘉喜為標準來說明的話，九歲到十三歲的女性要接受總共兩劑的接種，才能達到預防的效果。這個時候一定要遵照接種的時程，從施打第一劑接種預防疫苗的那一天算起，六個月後到十二個月內一定要接受第二劑的接種。要是在前五個月就施打第二劑疫苗的話，會變成要接種三劑。

※男生也可以施打疫苗嗎？有需要嗎？

不論是女生還是男生都有可能感染HPV。只是比起男生，女生更容易表現出症狀，而且也容易導致子宮頸癌等嚴重的疾病。因此大部份都會呼籲女性去接受疫苗接種。然而，在男性身上也可能會引起肛門癌或生殖器疣，所以也可以透過接種疫苗預防。我們預防HPV是為了自己的健康，同時也是為了愛我們的人所採取的行動。

※只有在發生性關係前施打才會有效果嗎？

並非如此。不論有沒有發生過性行為，醫院都會建議接受疫苗接種，並不是發生過性關係的人身上就都會帶有HPV，需要先透過病毒檢測才知道是否感染，適不適合接種。

〔疫苗接種副作用比例圖〕

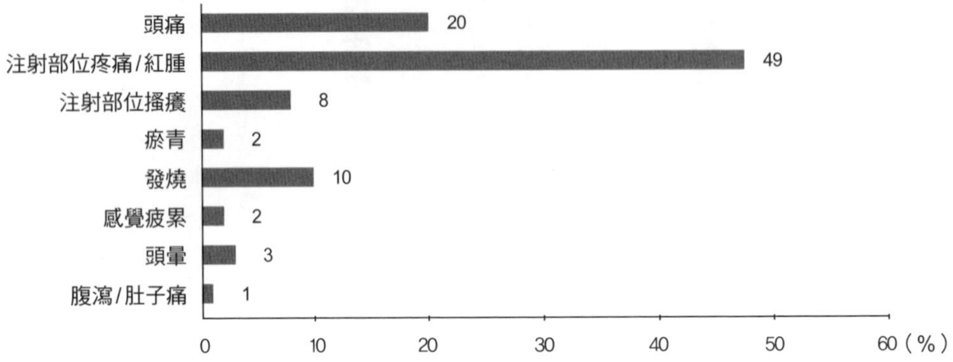

※我已經生過小孩，還需要打疫苗嗎？

施打疫苗的效果與是否生育較無關連，但如果已經超過四十五歲，施打HPV疫苗的效果跟支出費用相比，抗體的形成或預防作用都不高，而且與此相關的研究也尚不充足。所以比起施打疫苗，建議定期前往醫院接受子宮頸抹片檢查。

※聽說會有副作用耶，疫苗真的安全嗎？

前陣子有關於HPV疫苗而導致休克死亡、肢體障礙、腦功能障礙的報導不斷出現，這些報導是源自於二〇一五年日本發表的一篇論文，然而在二〇一七年，刊登這篇問題報導的學術期刊已經正式發表要撤回該篇論文，因為論文中的研究採用了不正當的實驗方法，並注入了超過正常投藥量一百倍的藥量，而且只有在其中一隻實驗老鼠身上發現了嚴重的副作用。

當然，HPV疫苗有副作用，這跟流感預防針有副作用是一樣的。症狀有頭痛（9～20%）、注射部位疼痛或紅腫（13～49%），這些是最常出現的副作用。醫院也會呼籲大家在接種後，休息至少30分鐘後再回家。

※施打子宮頸癌疫苗後，就能徹底預防嗎？

很可惜地並非如此。子宮頸癌的病因HPV有非常多種的類型。現在完成開發的疫苗，能預防引發子宮頸癌的16和18型，且預防率有百分之八十左右。當然，預防其他型HPV的疫苗，也陸續被開發出來了，但依然無法做到百分之百的預防。

因此就算說已經施打疫苗了，還是呼籲大家要定期接受子宮頸抹片檢查。在台灣，目前三十歲以上的婦女，每年可持健保卡免費做一次，子宮頸抹片檢查，建議可以妥善運用資源，以達到最佳預防效果。

LESSON 3

放下性關係的 23個偏見

在這章節中會說明家庭跟學校可能發生的性問題，也能解決在教養小孩的同時，因「性」而產生的煩惱。藉由談論關於性的話題，或許也能重建我們對性的觀點。相較於沒有預設立場的孩子，有時候已經深受社會眼光影響的大人，反而更難改變與接受新的想法。希望各位家長都能跟著本書的內容，一起反思自己對於性的觀感是否正確。透過思考的過程，也能為「和孩子談性」這件事帶來正向意義。

01 界線

家人之間的尊重練習（一）

性教育講師：「今天課堂上，同學們都認為『自己的空間』是青春期最需要的東西。」
爸媽：「天哪，真的嗎？但孩子都有自己的房間啊……」
性教育講師：「那你們是不是都不讓孩子把房門關起來呢？」
爸媽：「啊……」

在性教育課程中，我最常進行的主題是「青春期」。我會讓學生選出進入青春期後最想擁有的東西，或是對現在的自己來說最需要的是什麼？選項有金錢、手機、自己的空間、內衣等等多種類型。

通常我會請他們在挑出三個選項後，再選出最想要的一個，其中最多人選的，就是「擁有私人空間」。其實大部分的學生都有自己的房間。但雖然表面上看起來是「自己的房間」，這個房間卻隨時有可能被他人闖入，或是禁止關門和鎖上房門。由此可知，孩子們想要的不僅是「自己的房間」，而是不會受到他人干擾「只有自己」的私人空間。

家長因為「關上房門後會不會幹壞事啊？會不會徹夜玩遊戲？」等各式各樣的理由，導致孩子無法盡情使用自己的空間，也因此沒有辦法保有自己的界線，不論是生理還是心理上。

進到青春期的孩子們非常需要只有自己的空間，就是對自己來說能夠放心煩惱、自在思考的地方，也是能避開他人眼光的自由區域。然而，應該最舒服自在的私人房間，卻必須被迫敞開，或者隨時可能有人進來，這種空間真的能稱之為「自己的房間」嗎？

前面已經提過很多關於「界線」的內容了，像是「親一下阿姨嘛」或是「奶奶會給你糖果，來抱一下」之類的話，都是侵犯孩子界線的例子。然而，界線不是只存在於身體上。被他人追問感情狀態、遭不認識的人索取聯絡資料、當眾被公開身材尺寸……這些行為都沒有直接碰觸到身體，卻一樣讓我們感覺到不舒服。這也明確表示，我們的心理上確實存在不想被侵犯的界線。

一樣的道理，當我們在自己的房間時，也會希望在這個空間有一道界線，即便是家人想要進入房間的時候，也要先敲門並得到自己的同意。因此，要是連房門都沒辦法關上的話，那就無法明確感受到那條界線了。

「房門」是人們最常看到，也最容易感受到的界線型態，也是適合拿來練習「尊重界線」的地方。進門前先敲門，並問說「我可以進去嗎？」這個小小的動作就代表了「尊重」。

我接著問學生「那敲房門後就立刻進去，可以嗎？」他們馬上回答「不可以！要得到在裡頭的人允許！」即使再問「關係很要好的朋友或家人也是一樣嗎？」他們依然回答「這當然囉。」

孩子關房門的原因有很單純的，也有比較多面向的，例如有可能是正在換衣服，有可能是正在打電話，也有可能就是不想開門這麼簡單，根據學生的回答，會關上房門「一定是有什麼原因」。

在前面章節中也曾經提到，擅自闖入孩子房間，結果撞見孩子正在自慰的尷尬狀況。各位是否也可以從這個例子中充分感受到「事先敲門」是一件多重要的事呢？不論對孩子在房內的行為有多擔心，父母都應該讓孩子保有自己的獨立空間，這不僅是對孩子的尊重，也可以讓孩子更懂得區分並尊重自己與他人的界線。

還有，請不要不顧孩子的意願隨意提及發育狀況、身體疾病等生理的事情，也不要總是追問他們的戀愛或交友關係。如果孩子已經表現出「不願意」，就請家長們不要再刨根問底。學會尊重看不到卻很重要的界線，也是值得我們再三思考的議題。

雖然我們希望所有的界線都像房門一樣可以被看見，但人的心理是由錯綜複雜的情緒所構成，充斥著許多無法具體表達的隱形界線。就算是最為親近的家人，也應該保持彼此舒適的距離。請試著瞭解每個家族成員的界線，然後定下尊重這些界線的規矩。相信我，當一個家庭的界線及規矩越明確，家庭的氣氛反而會變得越加舒適、自在。

02 界線

什麼時候要分開洗澡？

「我們家人的關係很要好，也不會覺得脫掉衣服跑來跑去很奇怪。所以爸爸會跟女兒一起洗澡，三年級的兒子跟一年級的女兒也會一起洗澡。不過我很煩惱可以這樣持續到什麼時候？」——8歲及10歲孩子的媽媽

「平常我都會幫小孩洗澡，但最近我覺得跟女兒一起洗澡很尷尬。雖然是家人再怎麼說但性別還是不一樣嘛……不過要講這種事情又覺得很尷尬。」——8歲孩子的爸爸

沒有孩子的人可能很難理解，但對許多家長來說，不同性別的孩子該如何洗澡，的確是令人相當在意的問題。隨著孩子的年紀增長，本來一起洗澡的兄弟姐妹或爸媽跟小孩，是不是應該分開來洗？我在為小學生家長開立的教育課堂中，也時常聽到這個問題。

一般來說，當孩子還小的時候，就算跟自己性別不同，也不會覺得幫他們洗澡哪裡奇怪。若家中有年齡相仿的兩、三個孩子，為了節省力氣和時間，大家一起洗也是常有的事。不過這樣的生活習慣，卻會隨著成長開始變得越來越不自在。

即使全家人都很自在，好像也不能就一直一起洗澡，但又不知道該從什麼時候開始分開洗比較好。不只是洗澡，在家裡脫光光跑來跑去的時候，也會遇到一樣的煩惱。

這個問題並沒有絕對答案，不過，標準其實也非常簡單。不管是父母還是子女，或在兄弟姊妹之間，只要其中有一個人開始覺得不舒服，那不管年紀或性發育程度如何，應該就要分開洗澡，因為這就代表孩子開始意識到「界線」的存在。

就算是家人或很親密的人，只要我們不願意，都不能隨便看或觸摸我們的身體。我們每一個人的身上都有界線的存在，這件事在父母跟孩子之間都是同樣道理。

要是覺得讓孩子看到自己的身體感覺很彆扭、丟臉，那就不用猶豫，可以開始分開來洗澡。相同的狀況，也要確認孩子是否會覺得很尷尬。雖然這是非常細瑣的生活日常，但也是學習尊重界線的好機會。請讓孩子能夠體認到，在自己不想要的時候，就算是家人也不能執意闖入自己的界線，知道自己可以獲得尊重。

如果孩子已經開始出現第二性徵，也成長滿多了，但還是不會覺得害羞的話該怎麼辦呢？我一樣也會建議從上小學開始就要練習分開洗澡。這個並不只是家族之間界線的問題，也是為了讓孩子瞭解家人以外的「別人」的界線。

雖然說家人之間不會對彼此的身體感到尷尬，且能對身體抱有正面認知也很棒，但我們在社會中相處的對象不會只有家人，我們也需要跟親戚見面、遇到不同的同學師長，結婚之後，也會有新的家人。我們無法每當遇到新的人就詢問一次對方的界線、尋求同意或藉由失敗的經歷調整相處方式。

也因此，學會瞭解並配合社會中對界線的普遍界定，並且懂得尊重別人，就成為一件很重要的事。小學體系有別於幼稚園或托兒所，跟幼稚園相比，每個班級的學生數量更多，除了老師沒辦法一個一個貼身照顧以外，這也是孩子學習更多新規矩的時期。在這時期，孩子需要練習體貼他人、尊重界線，還有累積親密感。不再和別人一起洗澡，也是練習的一環，能讓孩子從日常生活中養成尊重他人界線的習慣。

我們的生活中也存在著一些保護界線的規範。以熱愛汗蒸幕的韓國來說，兒童在滿五歲以後只能進去跟自己同性別的浴池，這其實也反映出人們的界線。即使身為父母的我們不介意讓孩子看到自己的身體，孩子兄妹之間一起洗澡也不會多想什麼，但是對於家人以外的對象，不管年紀再小，一起洗澡都有可能造成尷尬。如果想要幫助孩子養成對這種微妙界線的敏銳度，就必須從家中開始做起。

如果等到孩子第二性徵發育後才突然決定分開洗澡，有可能導致孩子將第二性徵往「不能見人」的負面方向聯想。所以建議在那之前就讓孩子練習自己一個人洗澡，雖然孩子剛開始孩子可能搓不出泡沫或沖不太乾淨，但以長遠來看，孩子沒有界線意識才是更大的問題。

03
界線

暫時放下「親子」的觀點

「跟親戚或其他媽媽聚會時，孩子常常突然坐到我身上或抱我。雖然周遭的媽媽都說『長大後就沒事啦』、『是因為感情很好才會這樣』，但這種時候我還是感到慌張，甚至有點抗拒。我都跟孩子說了『這種行為只有小小朋友才會做喔！』但孩子還是沒有改變。」——9歲孩子的媽媽

「孩子有點長高後，抱抱的時候他的臉就會碰到我的胸部。我一開始沒放在心上，但漸漸變得有點尷尬。我看書上說『在青春期要給予更多肢體接觸、一定要擁抱孩子』但這樣真的太累了。孩子靠過來的時候我有時候會推開他，也因此產生了罪惡感。」——12歲孩子的媽媽

有很多人會在家長的性教育課程結束後，小心翼翼上前來詢問我這些問題。其中有不少人說很擔心自己跟孩子之間的肢體接觸，也會吐露像是「是我很奇怪嗎？」、「是不是我太敏感了？」這樣的疑問，質疑自己的煩惱是否合理也常抱有疑問。

我們用「很奇怪」來形容對孩子的肢體接觸感到不自在，這是因為在我們的社會上有所謂

「正確的」養育方式。這種養育方式會強調在養育過程中，孩子跟爸媽的肢體接觸能對情感關係跟情緒發展產生正面的影響，意思就是，如果愛對方的話就要藉由肢體接觸來表達。

但是所謂的肢體接觸，在探討「父母」和「子女」的關係以前，更應該分成「自己」與「自己以外的人」。換句話說，只要被自己以外的人接觸，不管什麼時候都有可能感到尷尬或是不愉快，就算關係再親密，也有不想要肢體接觸的時候。沒錯，這就是再三提到的「界線」。

不論什麼人，都有著心理上、實體上的界線，也享有界線受到尊重的權利。在家裡施行性教育時，「尊重界線」是相當重要的主題。想要踏進別人的界線時，永遠必須先取得對方的允許。然而，儘管越來越多家庭了解「界線」的重要性，但在家裡卻經常出現只有孩子的界線被尊重、爸媽的界線反而一再被打破的錯誤示範。就如同上面那些例子，很多家長養育小孩到後來，「養育者」的角色經常超過「自己」本身。

爸媽在採取行動或做選擇的時候也是，比起考慮自己的情緒或想法，總是先考慮怎樣對孩子的發展有好處。然而一個成功的家庭性教育，要在不只是孩子，而是連自己、配偶跟其他家庭成員也都能自在地活出自己時，才算是真正的完成。

那這樣，在發生類似上面的狀況時，該如何處理呢？

第一點，要把觀點從「養育者與孩子之間」的關係，轉換成「人與人之間」的關係。當我們承認小孩是一個人格主體的同時，也要把自己從養育者的觀點中脫離出來，成為一個「獨立的個人」，這就是性教育的第一步。當彼此能以「人與人之間」的關係來交往時，才有辦法正確進行性教育。

接下來，必須要表達出自己感受到的情緒。尷尬、不舒服、丟臉、難為情、慌張、壓力、排斥……我們都有可能產生這些不開心的心情。如果因為孩子的行為而感受到這些負面情緒時，請不要強迫自己壓抑，試著對孩子坦白看看吧。

在跟孩子表達時也是有原則的，不論任何狀況，都絕對不要說出怪罪孩子或是責罵他們的話，假如孩子做了什麼行為讓你感到不適，請提出替代的方案並跟自己的心情一起說出來。舉例來說，如果覺得小孩在人很多的地方硬要坐在自己身上的這個行為很不舒服，那就試著向孩子說明，並提出可以坐旁邊，或是搭著他肩膀等替代法；除此之外，也還有擊掌、牽手、勾小拇指、玩影子抱抱等很多種方式，都可以嘗試看看。請讓孩子知道，表達感情有很多種方式，就算不透過直接的身體接觸，也可以充分表現情感。

然而有時候就算說了、叮嚀過了，孩子還是沒有辦法停止這些行為。他們可能是單純很喜歡抱抱、摸摸的感覺，才會不斷渴望肢體接觸。遇到這樣的情況，爸媽往往不忍心責罵，就算生氣也只能默默隱忍、而為此苦惱。我曾經遇過一個媽媽，她有兩個小學生的兒子，每天早上她都會跟兒子們抱一下，但孩子喜歡把手伸到她衣服裡，讓她覺得很不舒服。雖然已經跟孩子們說過很多次「手要放在衣服外面」、「手很冰，媽媽不喜歡這樣」等各種婉拒的話，但兒子還是堅持「可是我很喜歡媽媽的皮膚嘛」，這種狀況該怎麼辦呢？

即便孩子的出發點純真、沒有惡意，但當他們做出讓我們感到不舒服的行為時，依然要適當表現出來，最好讓他們感覺到些許難為情。在這種情況下對孩子大發雷霆或生氣責罵，可能會造成太大的衝擊，但強逼自己壓抑住排斥的情緒也不是好方法。因為這是關乎個人界線的問題，必須教導孩子學會尊重別人的感受。

可以果斷明確地告訴孩子「我不喜歡」、「你要是把手伸到媽媽的衣服裡頭，媽媽就不想抱你了」或是「媽媽也很愛你啊，但我不喜歡被摸肚子，以後不要這樣了」，除了完整表達自己的感受外，語氣、話語也不能太過委婉，必須足以讓孩子意識到應該停止。

透過這樣的表達方式讓孩子感受到一點點難為情，他們才能夠意識到自己已經給別人帶來不舒服的感覺，也會知道這樣的行為並不恰當，必須認真看待並尊重別人的界線。透過這件事我們會發現，性教育不一定是多麼正規的課程，或是需要付出龐大的努力，即使是像這樣的小事，只要在日常生活上多花一點心思，就能達到意想不到的效果。

04 探索

孩子交男／女朋友了！

「我們家小孩開始談戀愛了。請一定要幫忙做戀愛教育，可以的話也請教他們避孕和性暴力的事。」——11歲小孩的爸媽

「要是孩子接受性教育的話，會不會放棄談戀愛呢？再怎麼說都還是學生，必須努力讀書啊，而且談戀愛有很多令人擔心的事情。」——12歲孩子的爸媽

我在進行性教育講座時，常常碰到正在談戀愛的小學生。我會問他們平常用什麼方式約會、怎麼稱呼彼此，然後試著聊聊他們的感受。每當這種時候，看著因為講到愛情話題而內心飄飄然的學生，我就覺得戀愛方面的教育真的非常必要。

現今在小學生之間，「戀愛」也成為了一種文化。雖然到目前為止，家長間的意見依然非常分歧，不過反對孩子談戀愛的情形有逐漸減少的趨勢。在這種狀況之下，如果我們想正視孩子的戀情，應該要採取何種態度呢？

首先，父母要先一一檢視自己的戀愛觀念。可以想想看自己是怎麼看待戀愛的？是否曾經透

過什麼管道學習戀愛？也請回想起自己在戀愛中得到跟失去的東西、關於幸福的定義、分手的方式跟克服情傷的過程。

先整理好自己的思緒，就能以戀愛過來人的角度跟孩子談話，也可以問問看孩子的戀情現況、講一講爸媽擔心的地方。在聊天的同時，需要避免讓孩子感到緊迫逼人，或大人想要下指導棋的感覺。

對孩子來說，談戀愛是在行使自己的性自主權，也是相當屬於自我領域的事情。若爸媽因此懲罰他們，或對他們的戀情指手畫腳，孩子就會覺得自己的主體性受到剝奪。

孩子跟父母彼此對於戀愛的看法可能有所不同，而我們不需要去針對跟自己不一樣的見解做出對錯的批判，而是要保持能夠溝通交流的態度。可以用過來人的角度，為孩子的戀情提出有幫助的建言、或是分享自身經驗的肺腑之言、針對可能發生的問題擬出應對方案等等，和孩子一同探討各個面向的話題。

覺得談戀愛快樂嗎？有因此產生什麼煩惱嗎？和孩子聊天的同時，也可以一邊觀察孩子的情緒反應，一邊和他一起思考、討論該如何表達或傳遞自己的心情。除此之外，戀愛過程中可能也會遇到很多問題，像是影響到日常生活，或是當遇到對方要求自己不想要的肢體接觸時，該說什麼才好？這些都可以是聊天討論的話題。

請成為能夠讓孩子輕鬆聊戀愛話題的家長吧。如果我們對孩子談戀愛的反應太大，甚至指責、生氣、反對，他們就會把自己的心事和疑問藏起來，轉而透過網路、媒體等管道來學習如何談戀愛。而大部分我們擔心因為戀愛產生的問題，其實正是這樣衍生出來。

在這樣的環境之下，假使孩子真的遇到意外懷孕、約會暴力或遭受其它性方面的困擾時，也會因為害怕被責罵而說不出口，選擇獨自一人苦惱，往往等到家長發現時，事情已經演變到一發不可收拾的局面。

所以，我們必須創造出不論在任何狀況之下，孩子都不會感到害怕，能夠放心找爸媽訴說煩惱的關係。要帶給孩子們信心，讓他們相信爸媽是不論何時、發生何事，總是能相信並支持自己的存在，而且也是能提供幫助的人。

另外，爸媽常擔心的問題，還有孩子為了談戀愛荒廢課業。但如果是具備自尊心、負責任，也懂得自主性思考的孩子，並不會因為談戀愛就無法完成自己分內的事，或是為了配合對方做出一些沒有責任感的荒唐行為。

假如真的很怕影響到課業的話，更應該要實施正確的性教育，幫孩子建立自尊心，讓他們懂得對自己的生活和行為負責。藉由平時的對話促進孩子自主性思考，如此一來，不管是遇到戀愛或其他問題時，孩子都能夠深思熟慮再付諸行動，發生困難時也可以快速冷靜地處理。

05 探索

突如其來的吻戲好尷尬

「當我跟孩子一起看電視時，要是出現了吻戲，或比較多肢體接觸的畫面就會很害羞。孩子還小的時候問過我關於接吻的事情，我只跟他們說『大人就是那樣親親的啦……』但我是不是說錯了呢？」——11歲孩子的爸媽

從孩子的幼兒時期到青少年時期為止，電視上出現親密場面時的不自在感，都是很多父母會面臨到的問題。各位應該也有這種經驗吧？當然我也有過。在客廳和孩子一起看電視看到一半，突然出現深入的吻戲或性愛場景時，整個空間立刻散發出僵硬的尷尬氣氛。

首先，會覺得尷尬、害羞，大部分是因為我們沒辦法跟孩子聊性方面的話題。如果親子之間是可以自在談性的關係，那出現吻戲時自然也不會覺得緊張尷尬。是因為自己內心對於性還是有點介意，再加上跟孩子一起看見性方面的畫面，所以才會感到慌張。

各位如果沒有自信跟孩子聊關於接吻、愛撫等肢體接觸的話題，那就不要跟孩子一起看容易出現這些場景的連續劇。大部分戲劇的觀眾年齡分級為輔導級，即為未滿12歲不得觀看或可能需

要家長陪同，如果無法自在地為孩子說明的話，建議不要看會比較好。

當孩子看到接吻畫面提問時，也請不要避重就輕跳開話題，甚至連忙轉台，當然，更不要刻意做出「喂！小孩不要亂看」之類的誇張反應。如果家裡的人碰到親密場景時表現出慌張或不自然感，孩子的潛意識中也會記住這股氣氛，認為這是件害羞、尷尬、難為情的事。不過即便如此，我們從小到大養成的觀感很難在一夕間說改就改，不需要強迫自己表現出坦然自若的樣子，在不感到負擔的前提下慢慢調整心態就好。

慎選電視節目的類型也很重要，尤其是孩子年紀還小的時候。依照普遍級、輔導級等分齡篩選的節目中，比較不會出現過於血腥、造成孩子陰影的畫面。這些每天在我們生活中出現的細瑣日常經驗與想法，都是孩子們成長中建立價值觀的基石。

看了吻戲後所分享的對話，也可以幫助小孩建立健康的戀愛價值觀。請把這個當作一個幫助孩子的機會，讓他們可以用輕鬆自在的眼光去面對戀愛與適當的肢體接觸。

所謂的肢體接觸，是邀請對方來到我的祕密基地、是表達愛情的肢體語言，是一件很棒的事情。但同時，這也是會進入到對方的「界線」，需要許多對話與尊重的一塊領域。透過間接的體驗，有助於讓孩子去思考關於這些對話的內容與學習尊重，並且為此做準備。

不要想得太過嚴肅，沒有必要在看電視時抓住每個場景機會教育，只要用放鬆的態度跟孩子一起觀看節目，並在孩子提問時給予適當的回答就可以了。如果想要藉機提點孩子，也請在遇到肢體接觸的場面時，用自然的態度與孩子對話。像是「哎唷，那個男生沒有得到女生的允許就這樣了耶。要是媽媽遇到這種狀況應該會嚇到。」可以邊這樣說，邊教孩子尊重界線的方法。「如果他可以先考慮到對方的想法再碰觸他的話，一定更能傳達出深愛對方的心意。」這些話對各位爸媽來說，應該不會太難吧。

在這邊很重要的一點是，如果想讓這樣的對話成功，那就不可以帶著想要說教的意圖。看電視是非常生活化的事情，如果讓孩子覺得連這種日常小事都要碎碎念的話，那對話的機會就會逐漸變少。不要心心念念著該灌輸孩子什麼樣的價值觀，更重要的是營造一個能夠共同分享想法的環境。性教育是透過日常生活經驗建立的思考模式與心態，無法強迫或填鴨，必須真正培養孩子自主思考的能力。這也是為什麼再三強調家庭性教育的關係，一個良好正向的家庭氛圍，可能比任何教育專家帶來的課程更來得有影響力。

06 探索

天啊，我的孩子在看色情片！

「小孩帶著朋友回家一起看A片。我進到房間後孩子立刻把手機藏起來，所以我裝作沒看到，但可以就這樣放著不管嗎？」——12歲孩子的爸媽

「我看了家裡的電腦，發現搜尋記錄裡有成人網站。想到小孩這麼小開始就在看這種東西，感到十分衝擊，還起了雞皮疙瘩。」——11歲孩子的爸媽

黃色書刊、影片是很多家有青春期小孩的家長都會擔心的問題。若打算買手機或電腦給他們，也會擔心怕他們亂看一些色情網站。如果發現孩子在看成人影片，是不是該罵他們呢？這麼多的煩惱，我們就一件一件來說吧。

首先，黃色影片、A片這類的用詞不太明確。像這類以「性」為主題，並表現出「性行動」的影音書籍，大多數人稱「色情影片」，包含了文章、照片、影片、歌曲等等，其中最具代表性的產品為「成人影片」，在這邊我會以色情影片為主軸來說明。

該不該禁止小孩看色情影片？

爸媽最常問的問題，就是如何不讓小孩接觸色情影片？有沒有辦法做到呢？如果學校單位委託我以「防範色情書刊、影片的教育」為主題授課的話，我也會很煩惱，因為並不是在我說明後，孩子就不會看，當然也無法在房間裡頭裝設監視器，更不可能去切斷所有的媒體，就算都能做到，這麼做也不是正確的教育方式。

雖說如此，但也不能放任他們亂看。首先，為了讓他們盡可能長大一點再接觸這類型的影片，建議家長可以在家裡做適當的保護措施，例如在電腦上安裝軟體來過濾掉相關網站，或是避免孩子長時間使用手機，因為他們大多是透過電腦跟手機來接觸這類影片。

最重要的是「預防上癮」

其實孩子看色情影片並不是嚴重的事，最重要的一點，是要教育他們不要沉迷其中。因為事實就是不管我們再怎麼阻止跟預防，依然不可避免總有一天他們會看到，所以更重要的是，要幫助他們不要因為看了色情影片，而導致日常生活中出現問題。

為了做到這點，我們需要配合孩子的性發育來進行教育，意思就是，不要讓他們藉由色情影片來解開好奇心。開始出現第二性徵的同時，孩子就會對身體跟性愛產生興趣，雖然好奇的事情不斷變多，但能解開疑惑的管道卻相對太少，所以當孩子看到色情影片時，感覺好像一切的好奇都被解開了，而且還會因為刺激的感覺而陷入在其中，導致對色情影片上癮。

我在上課跟學生們對話後發現，第一次接觸到色情影片的階段，大部分是在小學時期。當然性別上還是有差異，但一般都是在小學高年級的時候經歷到的，至於看的理由，大家都說是因為好奇，不然就是偶然間看到。

因此，幫孩子們做性教育，可以讓他們就算看到色情影片了，也不會抱有過多的興趣甚至成癮。父母無法親自上課也沒關係，可以向學校要求，或是利用政府網站[1]輔助。避免閃躲，或是把「性」神聖化，孩子需要的是能配合他們需求的性教育。

撞見孩子在看色情影片？

要是撞見孩子在看色情片，請不要責罵他們，反而可以藉機聊聊這個話題。請嘗試看看不越界線、也不讓孩子感到壓力，剛剛好的對話。當然這依舊是個孩子跟父母都難免感到尷尬的主題，所以我們也要邊思考邊提問，同時慎選每一字每一句。

針對色情影片來進行對話，跟性教育是一致的目的，就是要幫助孩子平等且安全地面對「性」。為了避免遺憾發生，所以要利用對話來一一檢視，以防他們私下透過這類型的影片滿足好奇心，而產生對「性」的錯誤認知。可以點出影片中的問題，也說明為什麼不可以模仿影片中的情節。雖然孩子有可能已經知道了，但父母再說一次的話，更能加深他們的印象和警覺。

一般來說，色情影片跟現實有相當大的差異，要是照著做，有可能成為帶有暴力或缺乏尊重的性行為。而且就算自己對色情影片有興趣，卻可能造成別人不舒服的感覺，所以要再次提醒孩子「界線」的重要。

跟孩子說明這些部分，等於是協助他們成為就算看了色情影片，也能意識到其中問題點的人。責罵或阻止孩子是沒有意義的，更重要的是不要因此衍生出其他問題。

色情影片的錯誤問題

※以男性為中心

這類型的影片完全是以男性為中心。在影片當中，故事重點在於男性的愉悅跟性能力，女性則只是讓男性愉快的道具，也淪為在性方面被壓榨的對象。然而實際上，男女雙方都是性愛的主體，也是彼此需要的對象，千萬不要忘記這一點。

1 編註：可參考〈國民健康署青少年網站 性福 e 學園〉的諮詢特派員。

※以刺激為訴求

在色情片裡頭，通常以強調性行為的歡愉效果為主，很少在這之中著墨人與人之間的感情。影片多半著重在為了尋求性刺激而展露出的行為，甚至還有一些影片特別強調女性遭受污辱的感覺，容易出現過度自我中心、偏離事實、缺乏尊重的表現方式。

※過度誇飾射精

色情片中，會將性愛的重點聚焦在男性的射精，而且都用很刺激性的方式來描述。影片中常常出現射精在對方的臉上、耳朵、肚子跟口中等不正常情況的射精方式，甚至在對方沒有同意的狀況下射精。而且也會以過度戲劇化的方式表現女性的高潮，失去真實性。

※不正常的設定

在色情片中，常常出現偏離日常的設定，這是因為必須要引起購買者的好奇心跟關注。像是近親相交、在公共場合的性行為、強暴、不切實際的身體跟性能力、扭曲的性癖好等等，這類型的影片充斥著不合理的設定。大部分的色情片會藉由這些設定，來強調在型態上被禁止、壓抑的性慾，以至於讓人擁有錯誤的性幻想。

※將暴力合理化

非常多色情影片中，會出現虐待、凌辱等畫面，但這其實是非常暴力的行為。只是因為這是在演戲，所以我們不會強烈感受到這是暴力。影片中的男性行為通常太過主動、殘暴，而且也描述得過分情色，在這種狀況下女性通常會因為很痛苦而拒絕，但戲劇中又會以十分色情的方式表現抗拒，降低我們對暴力的敏感度，甚至最後還會出現很享受在痛苦之中的表情。將性快感與暴力混淆，導致錯誤的認知。

07 探索

用「媒體素養」迎擊假消息

不久之前我看了電視節目，韓國知名主持人劉在錫問一個小朋友認不認識自己，主持人聽到小朋友回答說「不知道」，出現了受到打擊的畫面。接著，小朋友說雖然不認識劉在錫，但他認識「DDotty」。DDotty在韓國的小學生界是領袖級的知名YouTuber，而在這個瞬間我更切身地感受到，對小學生來說，離他們最近的媒體不是電視，而是「YouTube」。

雖然這是時代潮流下的正常演變，但我卻對此有些擔憂。出現在電視上的節目至少也是經過某種程度的審查，所以比較不會出現越界的內容，然而在YouTube上卻沒有相對應的審查與明確處分規定。暴力性質也好、煽情內容也好，或是內容不實也好，都可以在不受到控管的情況下發布。也因此，我們需要具備「媒體素養」，媒體素養是為了讓我們能辨別自己正在看的這個影片有沒有問題，或會對我們帶來何種影響。

在資訊開放的現代，禁止孩子接觸家長認為有害的內容，並沒有辦法達到阻絕的效果，就像是當孩子看了不該看的影片就沒收手機也是一樣。即使達到短暫的威嚇作用，但對於跟著智慧型手機一起出現、一起成長的孩子來說，手機和網路早已經是必需品了，不可能也不應該完全避免。所以，與其用極端的處罰方式來解決，不如教導孩子如何恰當運用。

首先我們要知道孩子平常都在看什麼。不只是剛剛提到的YouTube，還有新聞、廣告、電影、遊戲跟常用的APP（例如看漫畫的「漫畫人」、線上閱讀輕小說的「黑貓小說」）等各式各樣的媒體。確認給孩子帶來最多影響的媒體後，就要開始蒐集資料。我們可以實際使用看看，稍微了解各媒體平台上可能存在什麼樣的問題。舉例來說，是不是有歧視弱勢族群、性別的內容，有沒有假消息、或充滿煽動謾罵的對話？

接下來就要跟孩子聊聊了。當然，有些時候我們必須承認，我們不是很懂年輕世代經常接觸的媒體，也確實跟孩子有不同的喜好、觀點。但我們的目的不是要責怪小孩、禁止他們看，而是要展現出我們的好奇心，想知道他們平常喜歡看什麼，以及對這些內容有什麼想法，抱持怎麼樣的態度。

可以跟孩子一起聊聊對「媒體」的看法，不論是YouTube、Instagram、臉書上的自媒體，或是新聞網站等網路平台，都很值得成為一個話題。如果有不建議孩子觀看的內容，也不妨直接和孩子討論，問他們是否知道為什麼我們不希望他們接觸這些媒體的原因。事實上，很多孩子早就心知肚明，他們會回答是因為怕他們看到不正確、或是價值觀扭曲的內容。如果孩子自己知道問題在哪裡，反而不需要過於擔心。

只要孩子有能力分辨好壞，懂得不可以對接受到的資訊照單全收，就可以了。但如果這件事對孩子來說很困難，也可以陪伴他們一同觀賞、一起找出哪些內容有待商榷，還可以一起針對發現的問題深入討論。當然，這部分需要家長和孩子多方嘗試練習才行。

並不是所有的媒體，都是不好的媒介。因此，我們也要讓小孩知道媒體的影響力，我們可以善用媒體幫助到哪些人、獲取到必要的資訊，甚至在這個網路世代中，媒體的經營更是炙手可熱的未來出路之一。

我們也可以和孩子討論，如果想要打造健康、平等的媒體環境，平常可以做哪些事？舉例來說，不說髒話辱罵人、不講歧視的話語，還有不隨意散播錯誤資訊等等。建立媒體素養並不是件困難的事，透過以上的練習，都能在日常生活中輕鬆落實。

Column 03

練習培養媒體素養

◎小學低年級

先選出一個小孩喜歡而且熟悉的媒體，然後尋找其中的問題。舉例來說，我們可以試著幫《鯊魚家族》（Baby Shark）這首歌改詞。

如果我們仔細檢視這首歌中對每個鯊魚家族成員的描述，就會發現裡面性別刻板印象很嚴重。請跟孩子一起把「很漂亮、大力士、很慈祥、超帥氣」這樣的形容詞改掉看看。如果孩子還不認識太多形容詞，也可以幫他們準備單字卡。還有，《鯊魚家族》動畫中的顏色也充滿了性別的既定印象，所以也可以嘗試重新為鯊魚家族上色的遊戲。

除此之外，現代社會中家族的型態也跟鯊魚家族的樣貌有很大的落差，可以要告訴孩子在這個世界上，存在著不同的家族型態。

◎小學高年級

可以和孩子一起討論各媒體的優點跟缺點。舉例來說，可以聊聊看使用社群網站有什麼好處跟壞處。

➡ 範例：雖然透過社群網站可以找到走丟的動物，但自己的照片會被任意轉載盜用；透過社群網站可以很多人一起參與聲援活動，不過也流傳很多假新聞。

像這樣，為了讓孩子能以客觀多元的觀點來看待媒體，可以針對媒體的優點跟缺點提出討論，而為了修正其缺點，也可以思考看看我們能在各自的位置上做到哪些事。

➡ 範例：為了能分辨出假消息，要有查證事實的習慣。

08 避孕

教小孩避孕會不會助長性行為？

「小孩好像已經知道什麼是性行為了，應該要教他們避孕的方法了嗎？但不知道該要怎麼教才好。」——12歲孩子的爸媽

「需要這麼早教他們避孕的方法嗎？如果要教的話，必須說明的東西實在太多了……而且也很像在鼓吹他們發生性行為。」——小學保健室老師

最近我深刻感受到，大家對於性教育的關注與需求比以前多了非常多，而同意性教育改革的人也一樣越來越多。但雖然觀念不斷在進步，每當直接談到性行為的話題時，即使是對性教育持贊成態度的人，依然會不由自主放緩腳步。

是因為想說「他們還是孩子啊，這種話題還太早了」嗎？還是下意識認為性行為就是很色情，或很令人害臊的事情才會這樣呢？但是孩子們想的跟大人不一樣，當我們還在對性行為的教育躊躇不前時，他們早已經暴露在大量而廣泛的資訊浪潮下了。

我們擋不了孩子們對性的躍躍欲試，就算再怎麼隱藏、再怎麼阻止，無法避免地孩子總有一

天會發生性行為。既然如此，不如把握孩子還願意接受教育的時候，提供他們正確的知識，因為我們沒辦法讓已經30幾歲的孩子坐下來重新學習。更不用說以現況而言，很多孩子早在學生時期就已經擁有性經驗。台灣平均第一次性行為大約是18、19歲，而根據韓國二〇一八年青少年健康型態調查，開始發生性關係的年齡甚至低達13.6歲。換句話說，從「配合孩子成長狀況實施性教育」的實際面來看，性行為教育已經刻不容緩。

轉變對避孕的想法吧！

根據韓國的調查，在有過性經驗的國、高中學生當中，確實避孕的僅僅佔了百分之三十九，而台灣也有超過兩成學生在進行性行為時未採取避孕措施。意思就是，其實有非常多的孩子是在沒有避孕保護的情形下發生性行為。但之所以會有這樣的狀況發生，並非是因為孩子們不知道要避孕。

有些青少年把體外射精當作是避孕，這是因為他們沒有正確了解避孕的方法，所以採用錯誤的方法避孕。當然，沒有受過避孕教育是其中原因，但還有另外一個關鍵的理由，就是孩子顧慮到發生性行為這件事會被家長知道，才選擇不購買保險套，用體外射精、計算月經週期等方法來取代正確的避孕。

然而就像大家所知道的，體外射精並不是避孕的方法，而計算月經週期更是失敗率很高的做法。尤其青少女的月經週期並不規律，所以這時期不適合使用月經週期法避孕，何況這是連週期準確的成人都不推薦使用的做法，所以真的令人擔憂。

在煩惱進行避孕教學的時機跟方法前，我們需要重新思考對於兒童跟青少年性行為的看法。事實上，有非常多人把兒童跟青少年的戀愛、性行為說得很負面，甚至在不久之前，我到一所學校進行性教育課程，在那裡遇到一位學生跟我透露他的煩惱，竟然是因為學校班導跟他說「學生時期不該談戀愛，分手吧。」

在那段進行性教育課程的期間，我也體會到了「青少年的性行為」到底有多不被尊重。我也常跟班導師因為大大小小的歧見起衝突，我越是反應出學生們的意見跟性文化，我們的代溝就越加擴大。我們要認清一件事，如果大人把「性」視為禁忌，那就只能地下化了，當小孩遇到需要大人幫助的情況時，根本無法輕易提出要求。

我們的社會總抱持著「孩子們的性」不要太早發生的想法，但這種想法要持續到什麼時候呢？我們對於「性」總是採取遮遮掩掩的態度，不是暗示孩子自己小心點，就是明令禁止孩子做出「我們認為」不恰當的事。但事實上，孩子真的會因為家長禁止就不發生性行為嗎？或者簡單帶過避孕方式，當他們在發生性行為時就會乖乖遵守嗎？

以隱諱的態度看待青少年性行為，無疑是不切實際、不符合時代的觀念。孩子需要的是更實際有用的教育，學習避孕跟助長性行為兩者之間並沒有關係，反而是幫助孩子走在安全的道路上。小時候如果有把性教育學好，對他們往後一輩子的性生活都能夠帶來正面影響。

所以，請認同小孩的性行為吧。孩子會談戀愛、會有性慾，也會對性產生興趣，這些都是很自然的現象。請不要讓小孩對此抱有罪惡感，或總是遮遮掩掩，反而要藉由正確適當的性教育為孩子建立安全平等的觀念，才是真正保護孩子的方式。

什麼時候要學避孕呢？

那麼，應該要在什麼時候進行避孕教育呢？讀到這邊，大家應該可以猜得到答案吧？避孕教育是沒有絕對時間點的。不管是否開始發育第二性徵、接觸異性，學校開始上「健康課」了沒，都沒有關係，而是要隨著孩子的性發育、性知識、好奇心的不同來決定。

如果要說一個參考的時間點，我通常會建議在孩子初經或第一次夢遺後。為了幫助孩子對性有更全面的理解，與其將每個環節分很細說明，不如幫他們在腦海中架構出整體的藍圖。例如在跟孩子探討初經時，也一併討論懷孕、生產的問題，再連帶談到避孕，這樣一來，就是一堂完整的性教育概念課程。

避孕跟初經一樣，盡可能不要事後才連忙急著教育孩子，最好在第一次發生性行為之前，就已經先談論過避孕的話題，這樣才能確保他們在安全的情況下發生關係。另外，在說明性行為的同時，也要一起灌輸他們「責任感」。

在符合責任感及安全前提的性行為之中，避孕是必要條件。但避孕教育不只是單純教孩子避免懷孕的措施而已，也是幫助他們在發生性行為之前，身心都能有最好的準備，也知道必須為發生性行為負責。

儘管電視或小說情節裡對性行為發生的描述，常常是倆人一看對眼、性慾就如烈火乾柴般燒得一發不可收拾。但實際上，我們都知道並不是這個樣子。如果孩子沒有受過性行為的教育、從小受到這些戲劇的影響，可能就會對性行為產生錯誤的認知。就算提醒他們要避孕，或是在發生性行為前做好準備，他們可能都只會歪著頭感到困惑，因為在他們的認知中，性行為是衝動之下的產物，沒有辦法事前準備。

帶孩子學習避孕，也是一個修正性行為認知的好機會。很多學生在我的課堂上學過避孕後，紛紛跑來跟我說「我從來都沒有認真思考過做愛這件事，直到現在才明白，原來這是需要做許多準備和溝通的事情」。

避孕也好、性行為也好，只要孩子開始表現出好奇心，就應該幫助他們解除疑惑。可以在他們發問的當下就跟他們說明，不需要用「等你長大一點我再跟你說」這種理由跳過話題。有的人會認為「孩子還小就知道這麼多，反而很危險吧？」但事實上，透過「網路老師」或流傳在同儕之間的錯誤資訊來學習「避孕」，才是最危險的。讓孩子用不正確的方式滿足好奇心，等於讓他們毫無招架之力地暴露在危險之中。

Column 04

練習說明避孕的方法

十三歲的女兒問了關於避孕的問題，因為女兒在學校有上過青春期的課程，也已經學到了月經與懷孕的過程，如果女兒問「如果不想要懷孕的話，要怎麼做？」我該回答什麼呢？

若孩子完全沒有任何避孕的相關知識，那只要教他們什麼是避孕、有什麼代表性的避孕方法就好了。因為一一說明各種避孕方法的話，資訊量會太多。為了讓孩子未來的性生活能具備責任感，避孕是不可或缺的主題，所以也請同時傳達跟責任感相關的訊息。我們可以這樣說——

「如果不想要懷孕的話，就需要避孕。『避孕』的意思是『避免懷孕』，我們可以透過幾種方式來阻止懷孕。跟妳學到的一樣，發生性行為跟生命的誕生是相連的，所以在性行為之前就要做好避孕的準備。

最具代表性的方法是服用避孕藥，避孕藥可以阻止排卵。另外還有一種叫做保險套的工具，把它套在陰莖上，在射精時可以阻止精液進到陰道內，降低懷孕的機率。

除了這些以外還有其它作法。如果一輩子都不想要有寶寶的話，或只是想避免懷孕一段時間的話，也都可以動手術。但是這種做法都有比較強烈的副作用，所以要向醫生諮詢，並經過深思熟慮後再做決定。所以，如果跟伴侶之間會發生性關係，最好先一起思考避孕的方式。要是你很好奇的話，我會更仔細地把各種避孕方法告訴你。」

假設小孩想知道詳細的避孕方法，那也可以參考下個章節，教他們如何使用保險套還有服用避孕藥的方式。

09
避孕

保險套、避孕藥有什麼分別？

「要教小孩哪種避孕的方法呢？」——13歲孩子的爸媽

在前面已經說到就算是小學生，依然可以教他們避孕，而且也是必須進行的教育。那這樣對小學生要進行哪種避孕教育呢？適合青少年的避孕方式是什麼？

通常在學校進行避孕教育時，我會教他們所有常用的方式。有人會認為，避孕方式小孩又還用不到，為什麼要教他們？因為我想要告訴孩子，就算現在不會用到，未來你們在思考避孕的事情時，也要知道這之中有很多選項。多樣的避孕方式有助於構成更積極、更安全的性行為。

不過事實上，的確有許多避孕方式對青少年來說具有難度。所以我會跟學生建議青少年方便使用且沒有副作用的保險套跟口服避孕藥。接下來，我們來瞭解看看這兩種避孕方式吧。

保險套（避孕成功率98％）

保險套使用時是戴在男性陰莖上，材質為乳膠或聚氨酯。其避孕原理很簡單，就是避免精液流入女性的陰道。保險套有許多樣式，隨著厚度、外型、顏色、氣味跟潤滑劑等等而有所不同。各位應該也看過草莓香、顆粒狀、超薄型等各種類型，可以挑選最適合自己的保險套使用。

保險套的避孕成功率高達百分之九十八，可說是相當高。但這個前提是我們有「正確使用」保險套，如果使用方式錯誤，那避孕的成功率就會大為降低，或是根本失去避孕效果。舉例來說，保險套破掉、被捲到陰莖頂端，都會導致保險套效果大打折扣的情況。

很多人認為保險套是成人用品，但保險套其實是拋棄式的醫療器材。除了為提高性滿意度而添加功能的保險套會被歸類在成人用品，大多數的保險套都是醫材，所以在藥局也能買到，而且兒童、青少年也可以購買。

各位很好奇為什麼保險套是拋棄式的醫療器材吧？因為保險套有避孕功能，同時也有預防性傳染病的效果。所謂的性傳染病簡單來說就是性病，意思就是會透過性行為傳染的疾病，像是愛滋病、皰疹病毒、衣原體感染、解脲脲原體等，但若使用保險套就能達到某種程度的預防作用。

+PLUS

保險套的使用方法

1. 確認有效期限。要是超過保存期限，裡面的潤滑劑可能會乾掉或變質，所以一定要使用保存期限內的保險套。
2. 撕開前請將保險套稍微往邊邊推，留出可以撕的空隙，避免撕破保險套。撕開外包裝後，請用手輕輕推擠出保險套並用指腹拿取，請勿用指甲取出避免刮傷保險套。
3. 確認保險套的正反面。捲起來的地方在外側，可以想成像是脫下襪子或絲襪時，那種往外捲的模樣。
4. 捏住保險套前端乳突部的小袋，以排出空氣，避免性行為時破掉。
5. 保持第4步驟的狀態，貼著已經勃起的陰莖頂端，慢慢將保險套向下滑開，完整包住陰莖。
6. 射精後要立刻取下保險套。因為陰莖縮小後精液可能會流出來，所以要立刻抽出在陰道內的陰莖，並馬上取下保險套。
7. 把保險套綁起來、不讓精液漏出，並丟到垃圾桶。保險套不溶於水所以不可以丟到馬桶。

保險套的優點

1. 方便取得，在藥局、便利商店、藥妝店都可以買到。
2. 價格便宜。
3. 可以預防性傳染病。
4. 幾乎沒有副作用。

口服避孕藥（避孕成功率99%）

口服避孕藥需要在某段期間內每天固定服用，使用上比較不方便，但口服避孕藥的成功率很高，而且有可以準確配合月經週期的優點。要是覺得戴保險套不舒服的話，那口服避孕藥就更能發揮價值了。

口服避孕藥是含有荷爾蒙成份的藥物，能藉由調整排卵週期來避免受孕。不過因為種類很豐富，所以隨著成分、含量不一樣，要注意的事項不同，服用的方式也會有些許變化，因此要詳加閱讀服用說明書。而且很重要的一點是，不同的藥也會有不同的副作用，所以要尋找最適合自己的藥物。

這個方法是藉由服用雌激素、黃體素來達到抑制排卵、使受精卵不易著床等作用，但因為跟荷爾蒙有關，也有可能產生因人而異的副作用。比較常見的有噁心、暈眩、不正常出血等症狀，或是伴隨性冷感、陰道乾燥、乳房疼痛、青春痘的現象，但不是每個人都會發生。如果出現嚴重的副作用，請立即停止用藥，並且盡快到醫院諮詢。

在台灣，口服避孕藥屬於醫師處方藥，必須先讓醫師看診後取得處方箋，才可以在醫療院所或藥局購買。此外，也因為影響到荷爾蒙的關係，有些具慢性病或中風病史的人不宜使用，必須先確實向醫師諮詢後再服用。

+PLUS

使用口服避孕藥的方法（以21顆裝為例）

1. 從月經來的第一天開始服用第一顆藥丸。之後每天一顆，並在固定時間服用。
2. 連續服用二十一天後，接下來的七天停藥，在停藥期間會來月經。

   （如果怕忘記停藥日，也有28顆的避孕藥，連續服用21顆有效劑量後，接著服用7顆不具藥性的藥錠，就可接著下一盒新的循環，不需停藥）
3. 如果忘記服用避孕藥

   ➡忘記服用一顆的話→想起來的時候立刻吃一顆，隔天維持在原本固定的時間服用。

   ➡忘記服用兩顆的話→想起來的時候立刻服用兩顆，隔天維持在原本固定的時間服用。

   ➡忘記服用三顆的話→因為月經很快就會開始，所以不需再服用，並丟掉剩下的避孕藥。

避孕藥的優點

1. 使生理週期規律。
2. 能預防子宮、卵巢等的疾病。
3. 避免使用保險套的不適感。

10 性行為

孩子撞見爸媽在……

「孩子看到我跟先生在上床，還跟我對上了眼。但是隔天孩子什麼都沒說，我也怕講錯話所以什麼都沒說，但可以就這樣裝沒事嗎？」——12歲孩子的媽媽

被小孩撞見夫妻正在發生親密關係，這件事光想像都覺得快暈倒了，要是平常從來沒有跟孩子聊過性方面的話題，肯定更加頭皮發麻。最讓父母苦惱的地方是，雖然暫時停下了動作，但應該跟孩子說什麼呢？孩子是不是已經受到衝擊了呢？

有的爸媽還因為心急上網搜尋，結果只看到像是「留下了很嚴重的心理陰影」、「有可能會表現出具有性方面問題的行為」之類，讓心臟都要停下來的恐怖內容，結果變得更加擔心。不過，只要能稍微冷靜下來應對，我們也可以把這個當成進行性教育的絕佳機會。

我們最憂慮的一點是會帶給孩子什麼樣的心理影響？或引發他們在性方面的問題行為，但這點會隨著平常夫妻之間的相處模式而出現不同的結果。要是平常夫妻之間的關係就不是很融洽，那孩子就有很高的機率用負面的想法去看待突如其來的親密畫面。如此一來，留下心理陰影的可

能性也會變高。

如果爸媽因為被孩子撞見而嚇到就生氣、罵人，那孩子自然容易受到傷害，也很可能對性行為抱持負面的觀感。而且也錯失了能冷靜說明的機會。

有人曾經遇過上述的狀況嗎？即使有，也不用太過擔心，只要把握機會跟孩子重新說明就好了。我們可以採取接下來舉例的方式說明、處理。

當孩子撞見爸媽發生性行為……

※請跟小孩說明狀況

首先要關心孩子的心情並說明狀況。很多人常常想要掩飾被發現的尷尬、緊張，所以拚命想辦法解釋。但是在開口之前，應該先確認孩子的情緒，還有了解他們怎麼看待這個狀況。

孩子可能會以為爸爸媽媽在打架，也有可能因為看見爸媽的行為，跟自己在色情影片中看到的一樣而飽受衝擊，或是沒有任何想法就過去了。可能性有很多，因此最好先問問看他們的心情、有什麼樣的想法。

要是孩子受到驚嚇或很害怕，那一定要針對「讓他們看到」這件事道歉。如果當下已經是深夜了，要繼續說明還要道歉的話太晚，也建議至少要盡快確認孩子的情緒，並且對此道歉。

※避免用負面的方式說明

在說明性行為時，不要說得好像是做錯事一樣。前面已經解釋過在施行性教育時，應該要用什麼樣的態度、聲音跟氣氛來說明。要是表現出驚慌失措還繞著圈子說話，或是想著要隱瞞什麼的話，孩子就會覺得是自己或是爸媽做錯事了。

問題是出在「被小孩發現」這件事，發生性行為並不是什麼不對的事情，所以請誠實地跟小孩說明。若孩子已經知道性行為是什麼的話，那解釋起來就會很輕鬆；但如果還沒有概念，就使用「相愛」這個關鍵字就可以了，說不定那個當下也會是說明性關係的好機會。

另外，隨著孩子的成長階段、掌握的知識程度不同，說明的內容一定也有所不同。為了確認這方面的狀況，可以先詢問孩子「你知道剛剛爸爸媽媽在做什麼事情嗎？」再根據孩子的答案，決定接下來的回答。

有時候只需要說明什麼是性關係、夫妻之間發生性行為是多麼自然的事，或是想更進一步，也可以清楚解釋這跟孩子的誕生有什麼關聯。要是平常夫妻之間就表現得很恩愛，也是感情很熟絡的家庭，那說明起來通常沒有什麼困難，因為孩子也會按照父母所闡述的那般，把性行為當成是恩愛的表現來理解。

※避免舊事重演

雖然夫妻間的性愛再正常不過，但為了讓孩子理解「界線」的重要性，請避免再次發生相同的情況。除了不建議在跟孩子共處一室時發生性行為外，也請務必鎖上房門，打造出尊重彼此界線的家庭規範。

當然，如果希望小孩踏入別人的房間前先敲門，爸媽自己也要做到才行。進到孩子的房間前，一定要記得先敲門，這是彼此都需要確實遵守的規則。

如果家裡的環境沒有辦法營造出兩人獨處的空間，小孩總是出其不意的出現，建議可以去一些不會被小孩發現、能自在發生性行為的地方，就當成約會一樣，偶爾住住旅館、飯店，或是讓孩子到爺爺奶奶家、朋友家外宿一天。

11 性行為

爸爸，你有做過愛嗎？

「還是小學生的孩子突然問我『爸爸，你做過愛嗎？』我因為太慌張所以回答『還沒』。」——推特上的話題貼文

（這條貼文在網路上成為話題後，原推主又貼了一篇後續文）

首先，很感謝大家關注這件事。在這之後媽媽說小孩也問了她一樣的問題。媽媽的回答是「有做過」，後來小孩又問說「是跟誰做的呢？」，結果媽媽跟他說「你再大一點就會知道了」搞得現在小孩沒辦法認爹了……

試想看看，如果自己的小孩提出相同的問題，會怎麼回答呢？很多人只要從孩子身上聽到「做愛」這個單字，就會慌張到僵掉，或是為了想要化解尷尬而刻意大聲斥責「為什麼問這種事情啊！」，也或者一邊乾咳然後把問題推給另一半。

其實，當孩子問了性行為的問題時，有一個方法能順利掩飾慌張感，並且掌握孩子問這個問

題的動機，那就是「反問回去」。因為要是面對孩子的問題時，表現得很慌張或是含糊其詞，那孩子就會覺得提出的問題很不恰當。

因此，不如帶著喘一口氣再繼續的想法，來反問孩子問題吧。舉例來說，「你知道做愛是什麼意思才問我的嗎？」、「為什麼你會好奇爸爸有沒有做過愛呢？」向孩子丟出問題時，自己就可以先喘一口氣再來煩惱該怎麼回答。孩子是透過什麼管道得知「做愛」的？是對哪個部分感到好奇呢？也可以透過孩子的回答更進一步了。

都已經是這個時代了，性教育這件事請不要再用像是「爸爸跟媽媽手牽手睡覺的話就會有寶寶」，或是「你就是從石頭迸出來的」這種故事來搪塞，我們可以大方使用「做愛」這個單字。而且孩子會問問題一定都是有他想知道的理由，是有目的性的發問，所以必須認真對待。

※ 小孩雖然不是很理解「做愛」，但知道跟懷孕有關

當下只要針對孩子好奇的部分說明就好了。之後可以再搭配身體構造的繪本，或是關於誕生的故事書、動畫影片做輔助，向孩子解釋小寶寶是怎麼形成、出生的，這時候爸媽就可以藉由聊生寶寶的話題談到「做愛」，讓他們有基礎的認知。

※當小孩知道什麼是做愛，但還有其他的疑惑

首先，要確認小孩是經由什麼樣的管道了解「做愛」。假設小孩是藉由色情影片或書籍得知的話，那一定要跟他們聊聊關於這方面的問題（關於色情影音的說明，可參考P152）。

如果孩子是在看完色情影片後，再來詢問爸媽關於性行為的問題，那有很高的機率會對爸媽的性事抱有負面的想法，因此一定要跟小孩說明影片與現實狀況之間的差異。

回答問題的時候，一定要用自然且明朗的表情跟語氣，也要使用正確的用詞。要是覺得有一些單字在聊天或說明時用起來很尷尬，那就有必要檢視自己對於性的觀念了。

回答完之後，一定要跟孩子說不可以隨便對問別人這種問題。要讓他們知道雖然家裡是可以自由談「性」的地方，但其他人有可能會因此感到不舒服。

12
性行為

初體驗也有良辰吉時？

講師：「今天上課的時候出現了跟做愛有關的問題，所以我針對這個部分做了說明。做愛是在我們想要的時候、用我們想要的方式、跟我們想要的人才能做的事。」

12歲孩子的家長：「啊，那您有跟他們說，二十歲以前是不能做愛的嗎？」

未滿二十歲的青少年，常常被當成是不能有性的存在，所以如果在青少年時期發生性行為，就會被貼上「特殊標籤」。再者，性也被視為禁忌，但明明我們都是「性」的存在，在我們所有人身上都存在著性的權利。

性權跟我們前面所說的「界線」有著密切關聯。這個權利就是我們可以依據不同的人或不同條件在任何自己不想要的時候拒絕身體接觸，當我們的性權被其他人侵犯到時，我們會把這樣的行為稱呼為「性暴力」。

性權不只代表我們有拒絕性暴力的權利，也代表我們能夠決定如何使用自己的身體。在不受其他人的干涉之下，可以自己決定要不要做跟性有關的一切事物，我們稱呼這種權利為「性自主權」。在每一個人的身上都有這種性自主權，可以決定要用哪一種方式、跟誰一起、在什麼時候、在哪裡、要不要進行性行為。因此，就算親戚們覺得孩子很可愛、要孩子親他一下，孩子都具有拒絕的權利，而且即使是家人也一樣，如果想要牽手、擁抱也需要跟對方確認才行。

但是在很多時候，家長卻習慣出手干涉孩子的性權。這樣久而久之，孩子就會認為性權是爸媽可以控制的事，變得不懂得如何捍衛自己的性權。比較常見的例子，就是親戚間的觸碰，像是「親一下奶奶，我就給你零用錢」，或是在孩子表現出抗拒時說「阿姨只是覺得你很可愛啊，抱一下有什麼關係」這些都是干預性權的現行案例。假如孩子逐漸習慣由父母代為行使自己的性權，那他們就會失去對性權的判斷能力。往後每當遇到所謂「不在爸媽掌控內」的性問題時，也會認為這是必須被責備、矯正的錯誤行為而不敢透露，釀成更難收拾的局面。

在韓國獨立電影《對我而言愛情過於苦澀》中曾出現這樣的橋段。兩個熱戀中的高中生在男學生的租屋處發生了初體驗，這場美麗的性愛不但雙方同意、也蘊含著濃烈的愛意。做愛後男學生去了一趟超市。沒想到在這片刻間，隔壁房的男子突然闖入屋內向獨自待在房裡的女學生借電話，並在女學生的通話紀錄中找到「媽媽」的號碼，態度丕變地要脅「要不要我打給妳媽媽，跟她講妳幹了什麼好事啊？」

因為這一句話，女學生只好哭著求饒，這位男子便摀住女同學的嘴巴、強暴了她，還邊威脅說妳要是尖叫的話我就直接打電話給妳家人。雖然男學生在外面聽到了全部的內容，但並沒有進到屋內，而是選擇逃走，然後，電影就這樣結束了。

爸媽們看到這裡有什麼想法呢？雖然是電影情節，但這確實是當孩子相信性權由父母掌管時可能衍生的問題。明明雙方同意的性愛不違背自己的性自主權，卻擔心受到責備，甚至被以此脅迫也無法反抗。這都是因為在孩子的潛意識中，認為是自己脫離爸媽的控制、任意行使性權才會被傷害的關係。

所以即便是父母也不該控制孩子的性權，何況這樣做也沒有幫助。如果想延後孩子初次體驗性行為的時間點、想要讓他們在自由之外也了解責任，那就不要用年齡來控制他們，而是要進行正確的性教育。請仔細向孩子說明他們所擁有的性自主權，也請提到當性權被侵犯時可以如何處理。一定要告訴他們，不論是家人或戀人，都無法代為行使他們的性自主權。

當然也要告訴他們在發生關係前應該要思考的部分、應該要準備的東西、在做愛前後可能會有的身體變化，還有關於避孕與懷孕的資訊。性教育並不會引發原本沒有的好奇心而鼓勵他們做愛，反而會讓他們思考更多，也能幫助他們做好徹底的準備。實際上在挪威、瑞典甚至從五歲就開始進行體制內的性教育，而這兩國的初體驗年齡正在逐漸延後。

如果還是很難打破二十歲前不能做愛的這種迷思，也可以思考看看下面這個問題——「十九歲的第十二個月第三十一天不可以做愛，但二十歲的第一個月第一天就可以發生性行為嗎？」

13
性別平等

什麼是性別平等呢？

我在性教育課堂中，常常被問到「什麼是性別平等」的問題，其實性別平等的定義比想像中還要來得簡單。根據台灣性別平等教育法，性別平等指「任何人不因其生理性別、性傾向、性別特質或性別認同等不同，而受到差別待遇」。致力推廣男女平權的韓國首爾市，也在性別平等基本條例中明訂「在政治、經濟、社會跟文化等所有領域中，消除以性別為由的歧視，並保障所有人能享有同等的待遇」換句話說，所有人不論男女都是同等的，不應以性別為由而受到任何歧視。

放眼國際，凡是推動性平的國家，性別平等的定義多半簡潔明確。但無論法條訂定再明確，我們也很難光靠法規上的文字準確掌握性別平等的意義。性平問題與我們的生活緊緊相扣，接下來，就藉由我們經常聽到的問題，來解開關於性別平等的疑惑吧。

※為什麼稱為「性別平等」？

最近比起「兩性平等」，大家更常使用「性別平等」這個詞彙，原因是這樣才能涵蓋到「所有人」。兩性平等的「兩性」指的是女性跟男性，如果在強調公平、對等的平權中崁入這個框架，就會在無形中將這兩個性別以外的人孤立在外。

我們的社會把「性」區分為女性跟男性，主要是根據出生時的生理外觀來決定。但也有一些狀況無法包含在這個範圍以內，像是同時具有陰莖跟陰部的人、兩種都沒有的人，或是生殖器的外觀跟性染色體並不一致的情況。

「雙性（Intersex）」指的就是同時具有兩種生殖器的跨性別存在。雙性有多種形式，有的可以從生理外觀上辨別，也有的會在青春期後才顯現，甚至僅有染色體不同。有些雙性人在出生的同時，就會在父母的選擇下動手術固定性別，成為單一的男性或女性。

性別充滿了多樣性，不應該忽略這些相對而言的「性少數」，而把性別劃分為二，這也是生活在現代社會中的我們必須反思的問題。性別平等保障的是所有人的權利，不論外觀或心理差異，每個人都是平等的存在。

※我們還沒做到性別平等嗎？

現在的社會文化，不像過去容易因為「女生」這個理由無法上大學或工作，除了澡堂等特殊場合以外，其他場所也不會因為「性別」的緣故就禁止別人進入。所以乍看之下好像已經達到了性別平等的社會，公平地給予每個人機會。

然而，我們真的能自由地做選擇，並享有同等的權利嗎？仔細觀察就會發現，雖然表面上性別歧視減少了，但潛藏在「傳統風氣」下的父權主義與性別不對等卻依然存在。不僅如此，在生活、社會、職場等各個角落中也不乏性別失衡的問題。

舉例來說，各位的婚姻生活有落實性別平等嗎？在遇到分擔家事、教養小孩、照顧長輩等工作時，通常優先由誰負責？很多女性必須一手包辦生小孩、教小孩跟做家務事，這個情形到目前為止仍然是常態。這也代表我們依然認為根據性別，有其適合的角色、行為、個性跟外貌。

像這樣對於性別的刻板印象，也可能影響我們的求職結果。在這個社會中，處處遺留著關於「女性該做什麼、男性可能會如何」的性別偏見，聽起來荒謬，卻足以導致我們得不到想要的工作，或是在職場上失去選擇權。

社會上的父權陋習將生兒育女歸類為女性的義務，也聽聞不少女性因為生孩子而出現職業空白期或升遷的差別待遇，能力再出眾也難以晉升高階職位。對這些女性而言，彷彿有一片看不見的玻璃天花板，在阻擋她們往上爬。財經週報《經濟學人（The Economist）》每年會以經濟合作暨發展組織（OECD）成員國為對象，評比「玻璃天花板指數」（女性職場平等指數），而在這份調查中，南韓已經連續好幾年敬陪末座，倒數第二名則是日本。在升遷之外，因性別產生的薪資差距也是嚴峻的問題。以南韓來說，當男性領到一百元的時候，女性僅能領到63元（而在男女相對平等的台灣，根據二〇一九年勞動部統計，女性依然要比男性多工作54天才能領到相同報酬）。除此之外，職場中也存在許多針對性別的性暴力。

性別平等指的不是給予男女一樣的機會，不論什麼條件或前提，一律用一比一的比例對分，這只是形式上的平等，並非真平等。性別平等指的是雖然彼此之間有差異，但享有相等的權利。

※性別平等的好處是什麼？

如果這個世界可以達到真正的性別平等……光想像這樣的未來，我的心裡就充滿悸動。假若世界上每個人都得以安心、安全又自由地生活，猖獗的性暴力即便無法連根拔起，也會有相當程度的銳減。再說到職場，當所有人都獲得與自己的能力與付出相符的待遇與機會時，加諸在女性身上的壓力自然大幅減少，更有助於降低傳統上認為男性必須承擔的經濟重擔，家人之間相處的時間也會變多。當所有公事、私事，甚至社會眼光，都不再以不平等的比例強壓在某一方身上時，我們才能夠建立出更加和諧、平等的社會。

14
性別平等

英勇的警察，就讓英勇的男生來當？

「我跟爸爸說我想要當警察，但爸爸說警察只有男生可以當。」——五年級的女學生

各位看過迪士尼動畫電影《動物方城市（Zootopia）》嗎？「方城市」是動物王國的首都，主角兔子茱蒂為了實現當警察的夢想，隻身前往大城市闖蕩。然而守護城市的警察，全部是老虎、犀牛、獵豹等龐大威猛的雄性動物，茱蒂的追夢之路上首當其衝的高牆，就是「性別歧視」。

這不只是動畫中的故事而已。在我們的現實生活中也存在很多以性別區分的職業，這種理所當然的性別歧視，就是我們前面提到的「性別刻板印象」。一旦我們將職業以性別分類，能選擇的就變少了，而且也很難找到真正適合自己的職業。而實際上根據研究顯示，社會中的性別刻板印象越嚴重，在發展上也會遇到越龐大的阻礙。

真的有只適合女生的職業與只適合男生的職業嗎？之前我在小學的課堂中，有一個學生吐露了她的煩惱，也就是開頭的故事。她說爸爸告訴她警察是男生的職業，所以女生不能當。

為什麼會這樣呢？這個社會要求警察具備什麼條件？應該要有正義感、勇氣、運動神經、沉著冷靜，以及迅速的判斷力，而這些條件，是不是跟我們對「男子氣概」的認知有異曲同工之妙？換句話說，這些都是在世俗眼光中，想到男性會產生的「刻板印象」。

在「男生要勇敢」、「男生要擅長運動」這種刻板印象的背後，隱藏著「女生很膽小」、「女生要被保護」、「女生很軟弱」的這種想法。如果不斷聽到這種訊息，我們就會認為警察是適合男性的職業，而女生當警察好像很特別，所以常常聽到人家強調「女警」這個單字，卻很少人特別說「男警」，而提到「警察」時也多半直接聯想到男性。

《動物方城市》的最後，茱蒂發揮了自己的長才而成為了帥氣的警察。結局告訴我們，不論是女生還是男生都可以很勇敢，而且能用自己獨有的方式來幫助市民。帶有性別刻板印象的言語和行為會阻礙孩子們的未來，請把「那個不適合你啦！」改為「你可以做到！」，為孩子加油打氣。

15
性別平等

「女兒又乖又體貼」，也是刻板印象嗎？

「養女兒不是比較容易嗎？女兒不會鬧事、聰明又溫和，我好羨慕那些帶女兒的媽媽，有女兒真好！」——男孩的爸媽

小學教室裡時常充斥著吵雜的聲音，孩子們在下課時間沉浸在自己想要玩的遊戲中，看到他們開心的樣子，我也經常在不知不覺露出了微笑。但仔細看看教室中的狀況，其實就能看出以性別區分開來的小型社會。

在短暫的下課時間裡，男學生們不知道消失到哪裡去了，我想應該在體育場上進行各種運動吧；相反地，女學生們則幾乎都在教室中畫畫或玩桌遊。當然，每間學校、不同班級的氣氛可能不一樣，不過大致上都呈現差不多的景況。這是因為男生天生喜歡戶外活動，女生本來就很文靜嗎？還是因為女生比較纖細，所以更喜歡畫畫或美術的活動呢？

上課時間又是如何呢？我發現在課堂中，不同性別的孩子也會有不同的表現。兩者之間的差異大到我曾經暗自困惑「這是同一年級的學生嗎？」通常在我發問的時候認真答題的都是女生，

而回答出毫不相干的答案、或是惡作劇干擾上課的，絕大部分是男生。更驚人的是，隨著年級越來越高，這種現象越明顯。孩子們明明都經歷了同樣的教育課程，為什麼會出現這種差異呢？是因為女生比較成熟嗎？還是男生本來就很不懂事才這樣？

「最近的社會哪有什麼性別歧視，早就跟我們那個年代不一樣了。以前當班長的是男生、當副班長的是女生，現在幾乎都是女生在當了。」——小學老師

這是我在跟小學班導們一起聊天的過程中，聽到的一段話。根據他們的說法，最近班長比較傾向由女學生擔任，因為會對班級帶來更好的影響，女學生不論是收發作業，還是跟同學宣布事項的時候都比較不會出錯，做事情乾淨俐落，讓人很放心。

就這樣聊到一半，其他班導也陸續加入話題，「沒錯。分配營養午餐的時候也一樣，如果讓一男一女為一組共同負責的話就會很順利。女孩子怎麼這麼會照顧人呢？其他老師也試試看吧，會輕鬆很多喔。」新進的老師聽到這番話後急忙點點頭，表現出獲益良多的反應。

雖然對這樣的現況深有同感，但其實當我聽到這些話時，內心隱約有股說不出的惋惜、鬱悶。透過這些讚嘆的言論，我們知道女生很會照顧人、懂得體諒他人情緒、做事乾淨俐落……但這些種種，都是她們在追逐社會冀望的「女性角色」之下生成的果實。她們在應該探索「自己」的教室中，卻先學到了營造「性別角色」。

女生本來就比較成熟、比較文靜、比較體貼父母、語言能力比較好……這些特質在最開始都是不存在的。是我們、是社會這樣培育她們，灌輸她們對於「性別」的刻板印象，才會在有意無意間造就了現在的結果。而這些被視為理所當然的特質，每一項都值得我們認真反思。

根據調查，若詢問青少年在日常生活中曾聽過哪些具有性別歧視意涵的話，下面是女孩們最常聽到的前五名。

第一名——女孩子的房間怎麼可以這麼亂？
第二名——女孩子要端莊，怎麼這麼散漫？
第三名——你是女生欸，稍微控制一下身材吧！
第四名——女孩子講話不要這麼大聲，要輕聲細語。
第五名——女生別到處閒晃、不要太晚回家。

上述這些話，句句都涵蓋對女生的外表、行為、態度跟情緒的性別刻板印象。性別刻板印象就像楚河漢界，幫不同性別的人劃分出「應該」跟「不應該」的事，如果脫離這套規範，就會受到尖銳、不留餘地、動搖自尊心的強烈指控。

前面提到的，孩子會順應性別表現出不同的上課態度這件事，也是如此。男學生散漫邋遢是因為我們默許「男孩子就是這樣大而化之」，相對地，當女生散漫邋遢，卻會受到「女孩子要端莊！」的刻板印象所牽制。明明是同樣的事，兩種性別的孩子得到的回應卻背道而馳，也因此不得不展現出相對應的態度跟行為。

「本來就這樣」是一句很可怕的話，也是具有攻擊力量的武器。我們每天生活在這種「默認性別歧視」的話語中，潛移默化之下，漸漸把刻板印象當成理所當然的真理。身為家長的我們，是不是曾經要求並期待兒女，做出順應刻板印象的行為呢？當社會上充斥著越多的性別刻板印象，足以發展「自我」的空間就會受到越多侷限。

「親切、善良、很會撒嬌、漂亮、苗條、性感、被動、順從、情緒化、擅長化妝、擅長與人相處……」——小學生針對「如何像個女人」提出的回答

相對於男孩而言，我們的社會傳達給女孩的訊息，會讓她們比起把重點放在自己身上，花更多力氣與心思去關注別人。我在小學課堂上詢問孩子們「如何像個女人？」時，從這些孩子的回答中，也可以觀察到許多隱藏在性別刻板印象下的訊息。

親切、善良、笑口常開、經常撒嬌↓必須顧慮別人的情緒。

漂亮、苗條、柔弱↓必須要擁有符合社會標準的外表。

順從、端莊、被動↓比起自己，更要聽從別人的意見。

要是孩子從小反覆聽到像這樣的訊息，就會習慣把別人的標準放在第一位，而忽略自己的想法、情緒，這種狀況並不是「體貼」，而是從生活中被剝奪了自己的「主體」。性別刻板印象就是這樣在無形中奪走我們原本的思想與主體性，甚至產生不堪設想的結果。

如果我們凡事都要考慮別人的心情，還有餘力檢視自己的情緒嗎？明明感到不舒服、想要抗拒，卻因為「不可以傷害對方的心情」無法開口拒絕，忽視自己的界線。身體和心理的界線是用來保護自己的防護措施，一旦被打破，就很容易折服在暴力之下。

我們心裡很清楚，只要孩子生活在這個社會，難免會遇到想拒絕卻不好拒絕的情況，例如另一半要求不想要的親密接觸、被朋友拜託為難的事、幫客戶或長官倒酒……而我們的孩子，能夠在當下說出「我不要」嗎？「我不要」不僅僅是拒絕的意思，更是劃出自身界線的過程。對身為家長的我們來說，什麼才是最重要的？是符合世俗刻板印象的期待？還是讓孩子往後能自主性思考、懂得保護自己？相信每個人心中都有答案。

意識到性別刻板印象的存在後，我們必須承認自己也深受影響，有時候我們會在無意間說出帶有歧視意義的言語，這種時候最需要的，就是承認、道歉，以及願意改變的勇氣。

16
性別平等

從家中學習尊重「性別差異」

「我知道性別平等很重要了，但具體應該要怎麼教呢？」——10歲孩子的爸媽

很多家長雖然大致上理解性別平等是什麼，但實際上回到家真的要實行時，還是會不知道該怎麼改變或該怎麼做起才好，更不要說幫孩子做「性平教育」，簡直難上加難。所以接下來，就要跟各位介紹與家人之間討論後，可以簡單在家中實行的方法。

為什麼要強調在家中執行性別平等

在學校教學課程裡頭，也包含了性別平等教育。不論是關於性別刻板印象或是性別歧視等主題，都可以在健康課本中找到，也有帶入個人日常生活經驗的教學時間。某些學校也會找像我這樣的校外講師，來為學生上性別平等的課程。我在教學過程中發現，很多學生已經很清楚什麼是性別平等，以及哪些狀況是性別歧視了。

有幾次課堂中，我請學生分享在哪些地方曾遇過性別歧視時，他們全都異口同聲說：家裡。「女孩子房間怎麼可以這樣啊？」、「男孩子不能這麼沒自信心！」、「女生不要在外面閒晃到很晚」、「男生不可以哭」，各位爸媽，這些有讓你們聯想到家裡的對話嗎？

孩子在學校會學到要跳脫性別刻板印象、要尊重彼此而且不可以歧視對方；然而當孩子回到家，卻不斷受到帶有滿滿刻板印象與偏見的言語轟炸，而且還被要求配合性別角色調整自己的行為，可想而知，孩子們會有多麼混淆。

家庭也是孩子們學習的場所，甚至可以說是最重要的一環，從小接觸的生活環境，將成為孩子寶貴的生命經驗，所以在家裡也要做到性別平等才可以。如果希望孩子能徹底學會，那父母也要以身作則開始認識、學習，然後在家中落實。

如何在家中落實性別平等

打造一個性別平等的家庭環境有很多種方法，但不論哪種都有一個共通的關鍵，就是「持之以恆」。家庭氛圍需要長時間培養才能建立起來，也需要家庭所有成員共同參與才行。

因此不論選擇了什麼樣的方法，一定要先開家族會議，從傾聽彼此的意見開始，一起奠定想要改變的決心。

※改變想法

請抱持客觀的角度，重新檢視我們本來視為理所當然的事物。沒有什麼事情是從一開始就如此，雖然我們總認為「女孩子喜歡洋娃娃」、「男孩子愛跑跑跳跳」，但有想過為什麼嗎？是真的如此，還是受到社會形塑的刻板印象影響？之所以覺得男生比女生擅長運動，是因為身體構造比較強壯？精力比較旺盛？還是，就只因為是男生。

仔細觀察男孩跟女孩的衣服，也可以看出端倪。首先，光是衣服注重的機能就不一樣，男孩多半穿褲子，材質、樣式利於活動和清洗。相反地，女孩則多穿裙子，衣服上常有蕾絲或其他裝飾，甚至精緻到需要手洗，也因此時常被叮囑「兩腿不要開開的」、「動作不要太大」。

依照性別區分的衣服設計，是因為女孩本來就喜歡室內活動，男孩喜歡戶外活動嗎？像這樣經過思考後就會發現，往常許多約定俗成的認知，其實都是受到外部因素影響造成。

※分擔家事

分擔家事是一件可以讓全家人共同參與的性別平等運動。因為家事是一種要是沒人做就會不停跑出來，一旦做了就會消失的神奇事物。如果要分擔家事的話，就要先弄清楚家事到底有哪些，可以先拿出一大張紙，所有家人一起詳細寫下家事的種類。之前曾在課堂上帶著學生一起寫，一般孩子寫到洗衣服、做飯、打掃、洗碗，就寫不出更多答案了。在這個活動當中有個技巧，就是把家事拆解、鉅細靡遺寫下每個細項。

舉例來說，「洗衣服」從頭到尾的步驟有哪些？首先，要把大家的髒衣服分門別類、丟進洗衣機後啟動、洗好拿出來晾、晾乾再收進來、一件件摺好，最後收到各自的衣櫃中。但對沒有實際洗過衣服的孩子來說，通常以為按下洗衣機按鈕就好了。

詳細列出所有的工作後，接著由家族成員選擇自己負責的事情，可以定期輪替不同的家事，也可以固定交由同一個人處理。完成這項工作後，孩子們就會深刻了解做家事需要花多少時間、是多麼費心的事情，也會知道這些絕對不應該是媽媽自己一個人要做的事情。

※使用多樣化的方式表達

仔細想想，依據性別不同，我們在稱讚別人時所使用到的形容詞也會不一樣，甚至在稱讚同樣的行為時也是如此。勇敢的、細膩的、漂亮的、帥氣的、優秀的、討人喜歡的、可愛的、親切的、有禮貌的、有趣的……等等，請重新檢視我們用在孩子身上的形容詞吧。改掉因性別不同而使用不同形容的習慣，從現在起，請有意識地避免過度運用帶有刻板印象色彩的話語。這個方法雖然很簡單，但卻能夠改善性別不平等的狀況。

※重新分析故事書、卡通

這是為了讓我們和孩子能夠具備「媒體素養」的日常練習，分辨出接收到的資訊中是否帶有性別刻板印象。聽起來好像很困難，但實際跟孩子一起嘗試後會發現，還沒有受到太多社會眼光影響的孩子，遠比我們更加擅長察覺異樣。只要跟他們說明什麼是性別刻板印象、舉幾個例子之後，就可以完全交給他們自由發揮。

請找一本孩子喜愛的故事書，卡通電影也可以，然後跟孩子一起從頭看到尾，接著找找看在故事裡頭是如何表達「女生的樣子」跟「男生的樣子」，透過這樣的思考鍛鍊，學會分辨潛藏在生活裡的性別刻板印象和歧視。

以迪士尼卡通電影《灰姑娘》為基礎來聊的話，就會出現像是這樣的答案。男生需要搭救女生、女生有很多自己做不到的事需要別人幫忙、長得漂亮的女生很善良、長得胖的女生很討厭、壞人是女生、男主角很有錢、女主角又漂亮又苗條、兩個人一定要結婚才是完美結局……等等。結束分析後，現在可以來嘗試看看改變劇情，也就是試著在沒有性別刻板印象的狀況下自由地表達，就像電影版的《阿拉丁》改編了原本動畫的故事，更著重在茉莉公主的獨立和勇敢積極一面，試著從主角的個性、穿著、劇情展開到結尾，都盡情重新設定看看吧。家人間彼此分享自己理想中的性別平等世界，絕對是很棒的故事。

17 性別平等

先有「歧視」才有「逆向歧視」

「跟孩子在看的新聞剛好在討論性別平等，兒子就說這是逆向歧視。我有跟他說明，但反而吵起來了，該怎麼辦才好呢？」——13歲孩子的爸媽

「逆向歧視」指為了保障特定族群的權利，結果導致原本優勢的族群權利受損。坦白跟各位說，這個主題對我來說也很困難，到現在也還是為了「該怎麼說明呢？」、「這樣說明好嗎？」而煩惱著。以性別平等為主題教課的時候，偶爾也會碰上發表逆向歧視言論的學生，每次遇到這種狀況，不管我授課前準備得再多，也還是感到緊張。這些學生通常對於性別平等抱有強烈的反感，所以不太接受我的說明，也會對上課氣氛造成相當大的影響，到現在我仍在苦思著最完美的解說方式。

首先，在說明逆向歧視之前，要先確認對方是否同意性別平等，也就是要先詢問對方是否知道目前為止社會中仍帶有性別歧視？同不同意為了改善這種狀況，所有的社會成員都要共同付出努力？如果對方無法對於性別平等抱有正向的認知，那當然會以負面的角度看待為了推動性別平

等而做出的行動。

在女權意識抬頭的現代社會中，很多講到逆向歧視的男學生都會深感無奈。特別是針對當兵的問題，更是到了憤怒的程度，常常感覺因為是「男生」的這個理由，沒有得到什麼好處反而還受害了，因此無法接受性別平等的政策。遇到這種情形，與其一條一條跟對方計較，不如先帶著同理心去感受對方的情緒會比較好。從男學生的立場來看，一定也受過很多「因為是男生」而遇到的委屈，不論是要服兵役、常常被要求揹重物、做勞力活、體適能測驗標準比較高等，諸多身為男性而理所當然被施予的壓力。請跟孩子說一句「你應該很委屈吧」，讓他感受到有人理解自己的處境。

這種「逆向歧視」最常發生在男學生身上，是因為針對性別不平等的數據或研究大部分都是以成年人為對象，對沒有親身經歷過的學生而言，很難感同身受、產生共鳴。當然校園生活中也存在著一定程度的性別刻板印象，甚至帶有惡意的歧視，但相對而言，在職場或政治、經濟領域上的狀況更為險峻。

實際上我們的社會中的確存在著性別歧視。長期累積的「文化」不會自己改變，如果允許這種社會風氣持續下去，我們的小孩長大後依然會遇到相同的歧視狀況。請告訴孩子們，就算早一天也好，我們需要更積極看待性平問題，才能打造出平等的社會。

就算孩子沒辦法完全接受性別平等的觀點也沒關係，可以改針對他們認為的逆向歧視討論。所謂的逆向歧視，指的是為了消除既存的歧視而制定出某些制度或措施，但反而導致相反的另一方受到歧視的狀況。這麼說起來，「既有的歧視」才是所有問題的源頭，所以追根究柢，想要改善逆向歧視，「消除歧視」依然是首要條件。

以男性常感受到的逆向歧視來說，很多其實源自原本對女性的歧視，導致男性必須背負更多的擔子。舉例來說，只有男生要服兵役，這件事反映了過往認為女性是軟弱的存在、是需要保護的對象；而搬重物的時候會叫男生來搬，也是因為我們強化並保有了「男生力氣比較大」的刻板印象，男生的體適能測驗標準比較高也是同樣道理。

我在說明逆向歧視的時候，時常提到我曾經養過的植物。幾個月前我網購了兩盆花，其中一個花盆比照片上還要來得更漂亮且帶有清香；而另一盆跟照片上看到的不一樣，顏色灰暗、葉子也沒有朝氣，所以我也在不知不覺中只對其中一盆植物付出用心，想當然是長得好的那盆。

但如果想要讓兩株植物都長得一樣茁壯的話，要怎麼做呢？應該要把狀態不佳的那株植物搬到可以充分曬到太陽的地方吧，或是把長得比較好的那盆花裡的肥料分到另一盆，這並不是為了阻止好的那株植物生長，而是把原本享有的那些好處分給隔壁花盆。因為，如果不顧兩盆花的狀況優劣，持續灌溉相同水量、放在相同位置，它們不可能突然一樣茂密，只會保持原樣、甚至差距更大。總不能因為「小的那株本來就長不好！」便放著不管。

植物長不長大也許是單純的問題，但現實世界中的影響卻沒有這麼簡單。歧視的存在與個人的幸福、生活、工作、結婚、前途息息相關，是攸關人權的事情。針對性平採取積極的措施，從表面上看起來是偏袒某一方，卻是為了盡可能在短時間內導正扭曲價值觀，減少傷害產生。

18
性別平等

怎麼談「同性戀」？

「跟小孩一起在電視上看到女生跟女生接吻的畫面。孩子問為什麼兩個人在親親時我覺得很慌張，雖然先回答了是因為兩人相愛才這樣，但要是我的小孩對同性戀感到好奇而跟著做的話怎麼辦？」——10歲孩子的爸媽

自從電影《波希米亞狂想曲（Bohemian Rhapsody）》成為話題後，越來越多人開始關注性少數族群的議題。不論青少年或家長，關於性少數族群、多元性別的疑惑，已經成為我在性教育課程中一定會聽到的問題，在電視劇、網路、娛樂節目等媒體上，更是司空見慣的現象。

即便如此，還是有很多人覺得性少數族群是距離自己很遙遠的一群人。其實性少數族群不只存在於媒體之中，不論是同性戀、雙性戀，還是跨性別者或無性戀者，他們都以跟大家相同的面貌生活在我們的周遭，過著跟異性戀者沒有差別的日子，只是平凡人而已。

先來了解一下「性少數族群」的定義。雖然每個人對性少數族群的認知與範疇稍有不同，但一般而言，性少數族群大多指具有「多元性別」的族群。多元性別的英文LGBT，是由女同性

戀（Lesbian）、男同性戀（Gay）、雙性戀（Bisexual）及跨性別者（Transgender）的字首組成，由此可知，世界上除了男、女之外，還有許多其他性別存在，也不僅僅有異性戀這一種性向。

在傳統的社會觀念中，普遍認為「女性跟男性結婚」、「按照與生俱來的生殖器辨別性向」才是正常的狀態。然而，有些人會從同性的人身上感受到性魅力，也有些人心理和生理上的性別沒有辦法同步。對這些人而言，社會長久以來劃分的「正常範圍」，無疑是痛苦而沉重的枷鎖。也因為偏離「大多數」，所以不被稱為主流（Major），而是非主流（Minor），也就是少數族群。

大多時候偏見的產生，是因為不夠瞭解。如果聽到孩子詢問性少數族群的問題感到苦惱，這表示我們心裡的偏見形成了抗拒感，認為是不該碰觸的話題。希望各位家長拋開預設立場，用更客觀的心態試著瞭解看看吧！你會發現，其實沒有想像中那麼特別。

如何說明性少數族群

※檢視自己的偏見

在我們的社會中，根深柢固許多對多元性別的偏見。當我們戴上有色眼鏡，這些人的人格、經歷、特質都不見了，只把他們當成「性少數」的群體來一概而論。正是這種標籤導致了歧視、暴力的產生。以下是5種最氾濫的錯誤觀念，希望每一個人都能夠撇開異樣眼光，用更寬闊的角度欣賞世界。

① 偏見1：同性戀是因為分不清楚愛情和友情

跟大人相比，青少年的精神層面尚未發展完全，所以我們會否定他們性方面的本質。但這個時期其實是不斷思考、探索自我的時期，搞不好孩子們還比大人更了解自己。帶有這種偏見的人無法把異性戀以外的愛情形式視為普遍性的存在，也無法想像這種事情，像這種全盤否定的態度，也是一種不尊重性少數的行為。

② 偏見2：性少數族群會做出變態的行為

在各種媒體上，常把同性戀跟愛滋病之類的性病綁在一起，斥責他們是社會的毒瘤，將他們的性生活描述得混亂不堪。像這種強調一夜情、同志性病的腥羶主題，其實是媒體為提升點閱率所做的風向操控，唯有學會建立媒體素養，才能減少對性少數族群的偏見與對立。

③ 偏見3：常常接觸同性戀的話，就會變成同性戀

如果這是事實的話，過去的媒體上只有異性戀者出現，怎麼還會有同性戀呢？現在也是同樣道理，到處都是異性戀的戲劇、電影，這個世界為什麼還有性少數族群？

④偏見4：性向可以藉由治療或教育，變回世俗眼光認為的「正常」

性取向不會因為諮商或治療而有所改變，就算有宣稱能把同性戀變正常的治療，也絕對不要嘗試。過去有一段時期，同性戀者、跨性別者被歸類為精神疾病，然而世界衛生組織早已經準確指出，性取向、性本質根本不需要接受治療。

⑤偏見5：同性戀從外貌就看得出來

這個是非常嚴重的歧視。這個偏見是因為我們將透過媒體接觸到的同性戀的印象，代入到所有的同性戀者身上，不論是誰都不該因外表而受到評論。

※掌握孩子了解的程度

當孩子提出關於多元性別的疑問時，可以先以問題反問，藉此了解孩子瞭解的程度、汲取過哪些知識。以本篇開頭的舉例來說，可以問問孩子「那你覺得為什麼她們兩個會親親呢？」來開啟對話。如果孩子對多元性別還不是很理解，跟他一起找資料查詢也是不錯的做法。

※抱持尊重的態度

就算身為家長的我們對多元性別了解不深也沒關係，爸媽不可能什麼都懂，但要注意一點，就是在講到同性戀、跨性別者時，請務必以尊重、平等、人權的態度來談論。讓孩子知道這世上存在各種形式的愛情、每個人都可以用自己喜歡的方式來進行，對不同的群體也會有不同的觀點。我們不能歧視跟自己不一樣的人，每個人都有權利享受幸福的生活。

性向不會傷人，偏見才會

很多人會擔心，要是孩子接受了跟多元性別有關的教育，會不會也變成同性戀？美國第一個出櫃的同性戀政治人物哈維．米爾克（Harvey Bernard Milk）曾經這樣說：「我是由異性戀的父母所生下的，我在極端異性戀的環境中成長，那為什麼我會是同性戀者呢？」

性向不是由教育造成的。

每當講這段話時，我都會想起電影《為巴比祈禱（Prayers for Bobby）》，這齣以真人真事為基礎所改編的電影。故事是這樣子的，有一位叫巴比的青年出櫃了，而他的母親瑪麗想藉由宗教的力量來治療他，瑪麗每天禱告，在兒子的視線所及之處貼滿寫上聖經章節的紙條。瑪麗對同性戀的偏見，讓她完全聽不見巴比說的話，也看不見他的痛苦。最終還說出了「我不想要一個同志的兒子」這種話。

結果巴比因為得不到家人認同，加上無法承受社會觀感而絕望自殺了。受到衝擊的瑪麗在跟某次跟牧師的對話中，終於體悟到震驚的事實——「上帝沒有治癒我兒子，是因為他沒有任何問題。殺死巴比的人是我。」在這之後，瑪麗在同性戀自由日的演說上發表了這段言論：「我非常懊悔自己對同性戀的無知，從前我所認為的，全是偏頗、扭曲人性的誹謗。」在這段被譽為電影中的經典畫面之後，瑪麗成為捍衛多元性別的人權運動家，保護更多青少年的性別權利。

多元性別的教育其實就是一般人權的教育，如果我們會歧視多元性別族群，哪有辦法以真心來尊重其他人？人們身上若帶著歧視的弓箭，總有一天會把歧視的箭射向其他地方。如果孩子擁有對於平等的敏銳度，那不只是同性戀、雙性戀或跨性別的人，面對其他任何與自己不同的人時，也都能夠保持公正、平等的正向心態。

平等的話語能培養出尊重的態度，帶給社會進步的能量。為了讓自己的孩子不要以歧視的態度來對待與傷害性少數族群，請好好教育孩子。

不僅如此，如果我們的孩子是同性戀，那父母的「平等」將會成為比一切都來得強大可靠的力量。光是大人能夠認可真實的他們，就足以讓孩子產生勇氣，克服充斥著歧視的社會眼光，勇敢自信地走出去。

Column 05

當宗教信仰與孩子的性傾向形成對立

「憲法會保護宗教人士、也允許宗教自由。然而宗教人士或宗教卻超越憲法，帶給對方傷害或箝制自由，這種行為是不正確的，反而會危害到宗教的地位。歧視是一種暴力，也非自由所允許的主張。」

——英國知名大主教 羅雲．威廉斯（Rowan Douglas Williams）《門徒：歸回屬靈生命的初心》

每當同性戀的話題浮上檯面時，基督教團體都會發表相關言論，但有趣的一點是，不論是反對或贊成，各自立場的根據都是來自聖經。事實上，聖經當中只有幾個章節提到同性戀，卻會隨著兩方解釋觀點的不同而有所分歧。

雖然對同性戀的解釋有所分歧，但對於神的「愛」，大家都有一致的認同。如果所有人都是因為神而領受愛的存在，這麼一來，那我們怎麼能對性少數族群隨便指責呢？

就算宗教信仰再怎麼堅定，也不能以歧視或暴力的方式來表達自己的信念。即便不是打人這種具體的暴力，但用強迫的方式、利用父母的權威來壓迫，這其實都是無形的暴力手段。若因自己的宗教信念而帶給孩子傷害，孩子不只是從父母身上，也會受到來自宗教的傷害。基督教常常會把神比喻成天父，讓人聯想到父親的可靠跟寬大的胸懷，請不要因為自己的信仰觀念，讓孩子失去這兩種支持的力量。

19
社會文化

小小年紀就化妝？

「小孩這個年紀明明不論怎樣都很漂亮，搞不懂為什麼要化妝。」——13歲孩子的爸媽

「大家都說現在正是漂亮的時候，但我就不覺得啊。怎麼可能不化妝呢？」——學生，國一

小孩開始化妝打扮的年紀，已經從原本的國高中下修到小學了，最近在某一所學校中，我還從監護人那邊收到「學生化妝許可同意書」。依據韓國非營利機構《綠色消費者聯盟》公佈的資料，42.7%的小學女生會上妝，而國、高中女生已經超過了70%，顯示化妝這件事已經真正低齡化了。

有些媒體報導指出，小小年紀就開始上妝，會造成肌膚問題，也會影響學習風氣；也有人說，這樣的舉動不符合學生的身分，應該加以禁止；而有另一派則主張化妝是一種能表現個性的方法，因此應該要保障個人的選擇與自由。

但在這之前，其實我們更應該探討隱藏在孩子「想要化妝」背後的「外貌主義」問題，跟以此為出發點發展的美妝產業。外貌主義對於美的標準千篇一律，不僅依照這個標準將我們的外表分

出高低優劣，甚至讓我們以為這是影響人生成功或失敗的關鍵，出現「美麗也是一種競爭力」的思維。

舉例來說，主播這個職業的發音與表達能力很重要，然而如果去上主播培訓班，課程裡卻會著重於教化妝技巧跟如何笑得漂亮，甚至因為韓國的整形產業蓬勃，還會教哪種臉合格率最高，提倡大家到診所進行「調整」。在這些跡象中，都顯示出美妝產業的興盛，代表外貌主義的盛行。

現在美妝產業不只針對成年女性，也跨足到兒童的領域。不管是韓國人氣玩具開箱YouTuber「Carrie And Toys」，還是卡通主角「JOUJU」，都紛紛推出了週邊化妝品，而這個化妝品並不是用來打扮娃娃，而是可以直接擦到孩子臉上的化妝品。我們會看到在YouTube上充滿了使用兒童化妝品的影片，其實這是大公司的行銷手法。我也曾經在某個影片中，看到小學生敷了有角色圖案的面膜，然後說：「感覺皮膚一下子就變得水水亮亮了！」孩子們在媒體的影響下，潛移默化成了化妝品公司的消費者。像這樣完全以外貌主義為本中成長的孩子，更容易對自己的外表不滿。有些人上學時戴著口罩，因為覺得自己沒有上妝的「真面目」不能見人、很丟臉，甚至用「素顏」跟朋友聊天時也感到很不自在。對他們來說，只有化妝才有足夠的自信心。

外貌主義定義了理想外表的標準，但在這標準中，卻沒有任何人感覺自己真的足夠完美。即便是擁有上百萬人追崇的藝人偶像，也因為對外表的自卑而飽受飲食失調之苦，不安焦慮的情緒逐漸演變成憂鬱。明明是為了增加自信而追求「美的標準」，卻在追逐的路上遺失了自尊心。

「化妝」隱含許多層面的問題，而這些問題都是在刻板印象、外貌主義、美妝產業的行銷手法中經年累月而逐漸牢不可破。我們的家庭、學校、社會文化必須共同攜手，才有可能改善這種偏差的審美觀。

打破外貌至上主義

※每個人都能做到

①減少針對外表的評論

「變漂亮了耶！」、「你瘦了！」我們時常在毫無意識的狀況下談論起外表，有時候是客套話，有時候是稱讚。雖然是出於好意，但這些話語都是在強化「外表很重要」的思維。從現在開始，我們聊天時試著減少提到關於外表的事情吧！舉例來說，在我們看電視的時候儘量不去批評藝人的外表，把重點放在歌手的歌藝、演員的演技、諧星的笑梗之上。

②幫助孩子提升自信心

外貌主義會令人不斷評判跟貶低自己的外表。以結果來說，會讓人更容易埋怨自己的長相、失去自信、抹滅自尊。為了讓孩子可以提升自信心，「稱讚」是一個很好的方式。但不要只是稱讚與生俱來的優點，而是要稱讚透過努力得來的能力。比起說「好聰明喔」，反倒是稱讚「你真的很認真」、「努力的樣子很棒」會更好。平常也請多表現出對孩子的關愛，要讓孩子感受到自己不論如何都是值得被愛的人。可以透過溫暖的眼神、身體接觸、語言來表現關愛。

※跟學校一起實行

有些學校會禁止化妝，認為不是學生應有的行為。但比起不明就裡的管制，學生、老師與家長之間的意見交流更為重要。不光是化妝，在課程中針對外貌主義、性別平等各種主題溝通、討論，都是在培養孩子的自主性，讓他們在往後出社會接收到任何資訊時，都能夠先客觀思考，並保留與他人討論的彈性空間。

※關心社會

媒體上充斥著外貌主義，所以媒體素養就變得很重要。跟孩子一起嘗試看看「監控媒體」的活動，就是從電影、連續劇、綜藝節目、廣告或遊戲中，去發現、整理存在於其中的外貌主義。接著可以把跟孩子一起討論的內容，上傳到粉絲社群留言板或節目建議，雖然只是小小的反饋行動，但或多或少都能帶來改變。

20
社會文化

孩子開始刻意減肥？

「我今天不吃晚餐喔，因為我一定要瘦下來。」——學生，四年級

「女生的身材要瘦才好啊，胖胖的會被當笑話。」——7歲孩子的爸媽

女孩跟減肥之間的戰爭已經跟年紀無關，成為了只要是女生幾乎都會經歷的事情，就連小學生也不例外。有的青少年會選擇不吃營養午餐，或是跟著藝人的減肥食譜節食，甚至服用瀉藥、刻意催吐等等，這些嘗試減重的行為已經到了危害健康的地步。

根據青少年健康型態調查，女性青少年中只有約8%為肥胖，這是還不到10%的極低數值；然而有超過30%的人，就算是正常體重還是認為自己很胖（根據二〇一八年台灣兒福聯盟調查，42.5%兒少主觀認為自己過胖，但實際上只有28.6%的孩子超過BMI標準值）。

「甩掉大象腿、下半身肥胖！」——廣告台詞

滑開社群網站沒幾分鐘，就看到了大概十個減肥廣告。這些塑身產品或美容影片裡都會強調「瘦才是美麗」，其他身形、尺寸都被視為離經叛道，套上「大象腿」、「大肥肚」、「蝴蝶袖」之類的負面評價，好像不夠瘦的身材都是有問題，在不知不覺間形成了「身材評分」的文化。

如今我們的社會已經不僅僅羨慕「美麗」，更是到了「看不起、害怕」肥胖的境地。肥胖會讓人被貼上「懶惰」、「無法管理自己」、「貪心」、「很壞」、「傻呼呼」的惡意標籤。我們從小接觸的影視媒體，更是助長這種風氣。以迪士尼卡通電影中出現的胖胖角色來說，《小美人魚》中的魔女烏蘇拉是一個很貪心的壞蛋角色；而《灰姑娘》二姊的個性懶散又很笨拙。而在綜藝節目上，也是常常拿胖嘟嘟的女性開玩笑，如果有歌手或演員發胖，就會飽受「沒有做好自我管理」的惡劣批評。

在不久之前，我想要開始運動而前往健身房。工作人員幫我測量了身高、體重還有身體組成分析儀（InBody，測身體的體脂肪與肌肉量），然後非常訝異地說：「一個女生怎麼放任自己把身體搞成這樣？您都沒有想過要減肥嗎？」這些向我追究責任的提問，讓我相當震驚。這番話完全是來自於「女生理所當然要管理身材」的偏見。

還有很多人認為「女生運動就是為了減重」。適當的運動可以讓身體更健康，但是各位認知中的健康女性，有著怎樣的身材呢？是不是苗條的身材才是標準呢？如果以媒體塑造出的健康、美麗形象來看，許多有名的健身教練、運動用品代言人、被冠上健康美稱號的藝人，他們的身材在社會眼光中全都不合標準。社會上普遍認為的「健康女性」形象中，不會有結實、健壯、有力的外觀，而是名為「健康」實為「纖瘦」的身材。

女性們要拚命減肥的理由是什麼呢？並不是單純渴望變美而已。是因為認定瘦的身材才代表健康，若不夠瘦的話就對自己的身體產生罪惡感，擔心肥胖讓我們的身體被當成笑話、聽到各種充滿著偏見的言論。這種心態會讓人貶低自己，並且失去對身體的信心。

從家裡開始改變

※ 接受自己的身材

所有教育都一樣，希望子女成為什麼樣子，父母必須先從自身改變。請捨棄埋怨自己身材的習慣，例如「最近胖好多」、「我腿好粗」、「肚子跑出來了」，或是不經意跟朋友議論起別人的外型，還有配偶間你來我往的身材調侃。父母說的話會形成孩子的價值觀，所以必須從父母開始改變，打從心底接受我們身體本來模樣。單方向要求孩子沒有用，這件事需要所有家庭成員共同參與才行。

※打造身體的正面形象

請和孩子一起尋找關於身體的各種意義，不是找出性魅力，而是發掘其他優點。在地上鋪開兩張大紙後讓一個人躺在上面，其他家庭成員在紙上沿著身體描繪一圈，站起來之後，紙上會一個身體的大輪廓。請在那張紙上寫下屬於「我的身體」所擁有的優點、魅力跟不錯的地方。舉例來說，我要是覺得內心不安就會摸摸上手臂的肉，軟呼呼的上手臂有著讓心情變好的魅力。

※拒絕媒體欺騙

出現在雜誌或影片廣告中的模特兒，他們的身材早已是近乎虛構、不真實的樣貌，但就算是身材再完美的模特兒，也免不了用到修圖軟體。在修圖技術出神入化到看不出破綻的現代，滿街都是具有「完美身形」模特兒照片。換句話說，這些在社會上備受欣羨的「美麗」，也不過是結合科技與技術的成果假象。知名品牌多芬（Dove）曾經推出一系列的行銷活動「真美行動」，其中一支名為「進化（Evolution）」影片，便以「難怪我們對於美的價值觀如此扭曲」為拍攝宗旨，明確傳達出現代社會對美的偏頗認知。

21 社會文化

當孩子說出充滿歧視的玩笑話

「最近孩子很愛笑人家是『殘廢』，雖然是玩笑話，但說到底是對『殘障人士』的歧視，聽起來有點不舒服……」——13歲孩子的爸媽

「大家最近很常講一些歧視女生或殘障人士的玩笑，我叫他們不要這樣講了，結果他說只是開開玩笑啊，幹嘛這麼認真。」——學生，五年級

我曾經看過一個新聞，當地居民強烈反對設立特殊教育學校，導致無計可施的殘疾兒童父母親不惜下跪懇求。也看過在同志嘉年華現場，打著「因為愛，請回頭」的口號，阻礙遊行花車前進的團體。在韓國濟州島，更爆發過葉門人入境申請難民庇護，隨即遭受民眾抗議活動打壓的事件。在這些新聞中，「歧視性用語」都成了熱門的話題。到底什麼是歧視性用語、又會產生什麼樣影響呢？

「歧視性用語」不單純只是在表達歧視的情緒而已。使用歧視性用語更代表一種，對於社會少數族群有權施加差別待遇跟暴力的思想，也就是歧視。在這樣的情況下，「少數族群」不只意味

著「人數較少」，更成為在社會、經濟、政治、文化等所有領域內，不具支配性也無法發聲的弱勢團體。代表性的例子包含女性、性少數族群、殘障人士、有色人種、難民等等。

歧視性用語會以各種型態出現，有可能是惡意的攻擊詞彙或是污辱性代稱，也有可能是挑起對立的言論。舉例來說，直接說出「去死吧！」到「黑鬼」、「娘娘腔」、「死玻璃」這種蔑稱，以及「同性戀這種病接受治療就會好起來」等等。除此之外，也會有反對少數族群行使基本權利的發言，像是「殘障人士幹嘛出來工作，待在家裡就好啦」。

攻擊或污辱的言論是檯面上的歧視，但檯面下其實有更多潛藏的歧視性用語，卻因為時常遭到忽略，很難及時察覺危險性。這些針對少數族群的偏見或迫害，都是殺傷力強大，卻無法輕易被察覺到的暴力行為。

歧視性用語甚至威脅到少數族群的生存權利。不光是嘴巴上講講就結束了，還會煽動社會上許多人付諸於行動，例如猶太人集體屠殺、小鹿島病院事件[2]、江南車站殺人事件[3]，都是代表性的歧視性迫害。

然而，歧視性用語卻在各種媒體渲染下不斷灌輸給青少年，讓他們以為這不過是無傷大雅的玩笑話、或是為了表現自我優越的虛張聲勢用語。

潛藏在生活中的歧視用語

用到歧視性用語的同時，也展現了這個人對於社會少數族群的認知。因此，我們需要付出努力避免使用歧視性用語。如果孩子使用了歧視性用語，請一定要立刻反應，要跟他們說剛剛用的字眼，是針對哪種社會少數族群所說的、其中帶有什麼意義、聽到這種話的社會少數族群會有什麼感覺等等。如果孩子能自己體悟到歧視性用語的問題點，那使用歧視性用語的狀況也會減少。

請儘量使用能包容社會少數族群的用語。舉例來說，韓國在二〇〇〇年時，把認為帶有歧視的「肉色」改為「杏桃色」，像這樣改變慣用語的用意，就是為了包容各種膚色的人種。「你有女朋友（男朋友）嗎？」的問題也是，可以改成「你有對象／另一半嗎？」用尊重各種性傾向的語句表達。

歧視性用語無法光靠個人改善，但如果凝聚很多人的努力，就能成為改變社會的強大力量。希望我們都能帶著我們的孩子，一起打破偏見、理解對方，共同打造一個沒有歧視的世界。

---

2 譯注：小鹿島病院事件為日本統治殖民韓國時期，將麻瘋病患者隔離在小鹿島的醫院內，並強制進行絕育和墮胎等違反人權行為，院民多達6000人受害。

3 譯注：江南殺人事件為2016年發生在首爾江南站的隨機殺人事件，受害者為一名與加害人毫無關聯的女性。其行兇原因為加害者平時受到性歧視，認為被所有女性瞧不起，心懷怨恨而犯案。

22
社會文化

發現孩子在用交友軟體，該怎麼辦？

在智慧型手機變得普及之後，我們的日常生活也有了重大的改變。包含聯絡的方法、看地圖的方式、付款方式，當然還有打發時間的娛樂都翻新了。幾乎所有人都在用智慧型手機，這種轉變其實也才出現了不過十年，我們的生活卻在科技的快速成長之下變得非常方便。

然而發展總是一體兩面的，在開發出各種型態與目的的軟體時，也連帶產生出各種問題。法律的修訂沒辦法像技術發展一般快速，所以許多衍生狀況都尚未有可應對的懲處或規範法案。

舉例來說，雖然有些隨機交友軟體是以不當的目的被開發出來，但因為沒有可進行規範的法案，所以不論是警察或是支援被害者的團體都無計可施。然而被害者所遭遇的傷害不會只是感到困擾的程度而已，通常受傷的嚴重性比想像深遠，而孩子在不懂其嚴重性的狀況下開始玩交友軟體，雖然起因都只是想玩玩、打發時間而已，之後卻飽受折磨。

儘管學生們使用交友軟體的動機是出於好玩，但隨機配對的聊天對象卻不一定這麼單純。他們的目標可能是想要跟對方交換性愛照，或是為了找做愛的對象，甚至哄騙對方出來見面。然而在這過程中可能發生的各種傷害事件，孩子卻難以真正意識到傷害。

〔韓國女性政策研究院 青少年性教育需求調查〕

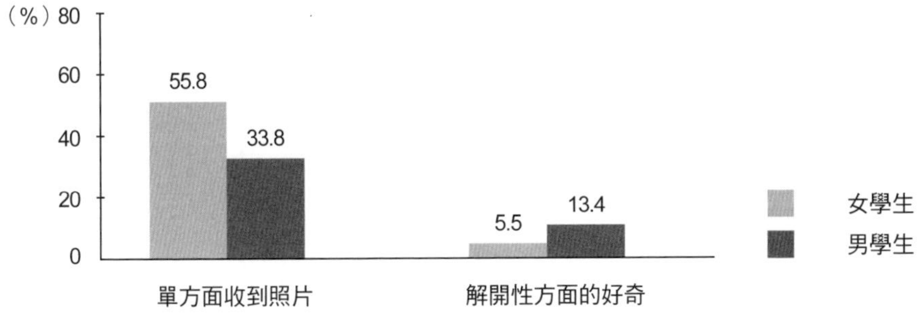

在女學生身上更常發生因交友軟體受害的情形。透過交友軟體，有非常多的女學生曾經單方面收到對方的身材照，而男學生的數字大概只有女學生的一半；除此之外，為了解開性方面的好奇才跟對方互相傳訊息的男學生，數量遠超過女學生的兩倍以上。從這個調查中可以得知，女學生相對來說會比男學生在網路上遇到更多以性為目的的惡意接近。

然而，很多孩子就算已經深受交友軟體所害而感到害怕，也常常束手無策。有次在課程結束後，有一個學生小心翼翼地走過來跟我說「老師，我因為很無聊就玩了聊天軟體，但是我在上面遇到的人一直要求我傳照片，還不斷傳自己的照片過來。」我問這個學生有沒有尋求父母的協助呢？他說因為怕被罵所以開不了口。像這種事情頻頻發生，能保護小孩們的大人卻遠遠不足。

特別是發生性交易的狀況時，我們還習慣先怪罪孩子。根據調查報告指出，青少年初期陷入性交易的管道有百分之九十以上是透過網路與手機軟體；然而因為是本人親自安裝並使用軟體的關係，所以有人會抱持性交易是自願的立場。但事實上，下載軟體，跟被陷入性交易的原因，是無法也不該掛勾在一起的。

隨著交友軟體越來越普及，使用的學生也變得更多。很多家長因此擔心孩子們的性觀念因此扭曲，或是對於非法媒介往來的行為失去警覺性。事實上，收到照片或傳照片給對方而發生的脅迫情況也的確層出不窮。

在這樣的情況下，身為大人、身為保護者，我們能為孩子做什麼？首先，最重要的就是打造出安全的社會，關注以此為前提的法案修訂。此外，我們也要成為孩子無論發生任何問題，都願意尋求協助、讓他們信任的可靠大人。我們總是把兒童、青少年視為不成熟、沒有主體性的存在，但每當他們出錯的時候，卻又毫不留情指責他們。尤其遇到性方面的問題時，這種狀況更為嚴重。這很奇怪不是嗎？既然小孩還不成熟，犯錯也是理所當然的事。

身為家長的我們應該改變想法。孩子們的閱歷不像大人那麼豐富，當然有可能犯錯，換個角度想，犯錯也代表他們不像大人般精明世故，所以自然不知道真正的解決方法。因此碰到問題時請不要第一時間就怪罪，不要講出「你就是不聽媽媽的話才這樣！」等責備的話語。

確認交友軟體的安全性

觀念傳統的家長，可能會因為孩子使用交友軟體而慌張擔憂。請家長們放寬心，不要生氣或責罵，而要先了解狀況。首先，要確認孩子有沒有受到騷擾的情形。對方看過孩子的照片嗎？知不知道電話、學校、家裡地址等個人資訊？要是知道的話，請提醒孩子加強警覺心，事先告知可能遇到的危險。

如果孩子已經受到騷擾或威脅，當務之急就是安慰孩子，並阻止一連串的傷害發生。並協助他更換電話號碼、斷絕聯繫，嚴重的話也可以向警察局報案，或是尋求相關單位的協助。

如果孩子並沒有受到任何侵擾，就和他們討論交友軟體的優缺點吧。不要以大人的觀點認定「很危險」就強硬禁止他們使用，這樣只會讓孩子產生反感，最後躲起來用。請提醒孩子在網路交友中，有些人是以性愛為目的，甚至具有犯罪的意圖，因此就算對方看起來人再好、再有趣，也要抱持相當的警戒才行。

+PLUS

因交友軟體而受害時，
可以從以下機構尋求支援。

警察局（110）
全國婦幼保護專線（113）
社會局－家庭暴力暨性侵害防治中心（聯絡資訊可參考附錄）
勵馨基金會－多重歧視性別暴力防治中心（聯絡資訊可參考附錄）
衛生福利部－關懷e起來（https://ecare.mohw.gov.tw/）
芸光兒童與青少年性諮商中心（聯絡資訊可參考附錄）

23
社會文化

「墮胎」是一種罪嗎？

近年來，關於墮胎是否違反人權的問題，在許多國家都備受討論。二〇一九年四月，韓國法院做出歷史性的判決，裁定實施長達數66年的自願墮胎罪[4]不符合憲法，決定將身體自主權交還女性（同年，台灣也因公民團體提出「懷孕滿8週禁墮胎」的公投案而引發社會爭議，後遭中選會駁回）。

「墮胎」這個詞彙帶有「打落胎兒」的負面含意，比較常使用「終止妊娠」或「人工流產」的說法。向孩子解釋人工流產並不難，就像字面上一樣，是「透過人為的方式，讓肚子裡的小孩排到體外」的意思。不過如果孩子對「為什麼人工流產是壞事？」感到好奇，就比較難回答了。因為人工流產與倫理相關，參雜了關於生命、性、自由與責任等層面的問題。

隨著女性意識的抬頭，現在許多國家都已經將人工流產合法化，或是放寬規範。因為懷孕是女性必須承擔的事情，是否停止懷孕的決定權，也不應該在國家，而是在女性身上。根據世界衛生組織（WHO）的看法，安全且合法進行人工流產是女性應有的基本權利。對此，許多國家也已經允許因社會、經濟上的理由而進行的人工流產。

人工流產的問題，也跟避孕有著密切的關聯。只要對避孕措施正確理解也確實施行，就能大幅減少非意願的懷孕。尤其是對性愛懵懵懂懂的青少年，很有可能連要買保險套都不知道，在得不到正確避孕資訊情況下，被剝奪了能夠安全做愛的權利。

最忌諱的就是「到時候墮胎就糟了，最好不要發生性關係」這種想法。孩子不會因為大人禁止就不發生性行為，與其如此，不如實際教他們如何進行安全的性愛，以及正確避孕的方式。這不是鼓吹青少年做愛，而是為了往後安全的性關係著想，重要且必要的教育。

除此之外，人工流產代表「發生了不負責任的性行為」，也是需要改觀的想法。當然，性愛是一種責任，我們要教導孩子承擔自己的選擇。但同時，我們也必須了解，懷孕與否是一個更複雜的問題，不論是社會對於未婚懷孕的觀感、往後的人生規劃，還是因生產、育兒而產生的巨額花費，都是不可漠視的問題，不能以「懷孕了就要負責」來一言以蔽之。

曾經有一次，我在課堂中問學生知不知道避孕的方法，有個男學生不加思索回答：「墮胎啊！」結果全班同學立刻噗哧笑了出來。不論什麼性別，面對性愛都必須承擔責任，不管是避孕、懷孕、生育、人工流產，都要保持負責任的態度。為了不要讓這些需要嚴肅思考的事情，變成輕忽的玩笑話，必須更認真看待性教育的重要性才行。

---

4 編註：根據南韓1953年生效的《刑法》第269條「自願墮胎罪」規定，除非胎兒異常或是懷孕會對孕婦產生危害，否則墮胎的孕婦將處1年以下徒刑，或200萬韓元（新台幣約5萬7千元）罰金。在孕婦同意下實施手術的醫師，也會遭判處2年徒刑。

LESSON 4

拒絕性暴力的14條捍衛守則

許多人對於在家中進行性暴力的教育感到不自在，但為什麼這件事讓人如此不舒服呢？事實上，性暴力並非關於色情或純潔的問題，而是以性為媒介所行使的「暴力」，如果我們帶著錯誤的認知，便無法客觀地判斷性暴力的問題。為了給孩子更安全的環境，除了需要盡力消除性暴力。當然也要了解當孩子遭受到傷害時該如何處理與供幫助。希望透過這個章節，能夠一起實踐擁有安全社會的夢想。

01
性暴力

只是有點不自在，也算是性暴力嗎？

「老師，那個人笑我很矮，這樣也是性騷擾嗎？」——學生，五年級

「前男朋友有次硬要親我，我太慌張沒躲掉，這是性暴力沒錯吧？」——學生，九年級

我在教課的時候，常常被問到「這個也是性暴力嗎？」的問題。不只是上課時這樣，一樣的情況也常常在諮詢時出現。其中，也有很多人想知道自己的行為算不算性暴力，有時候在以成人為對象的預防暴力課程時，也會被要求說明關於性暴力在法律上的成立要件。

然而，我們真正該在意不是法律上的規範，而是「對方的感受」。我們之所以不做出性暴力的行為，不是害怕受到處罰，而是基於「尊重對方」的心態。就算不違法，只要讓對方感覺不舒服，也是應該自我克制的行為。

人們會提出像上面的問題，是因為不太清楚什麼是性暴力，也把性暴力想得太狹隘。所以才會說出「這哪算性暴力啊」，或是自己遇到了，卻因為懷疑「這種程度能說是性暴力嗎？」而私自煩惱。那麼，到底什麼是性暴力呢？

所謂的性暴力，指的是透過任何性相關的言語或行動產生的暴力行為。雖然提到「性暴力」，通常大家腦中會直接連想到性騷擾或是性侵害，但不只是這樣而已，所有以「性」為媒介而導致的傷害，都是性暴力。

「性」是一件稀鬆平常，且範疇非常廣泛的事情。關於談戀愛、身體、性關係、性生活等等，只要在這些領域中讓對方感受到憤怒、丟臉、屈辱、煩躁，或其它不舒服的情緒，就可以稱之為性暴力。

有些人認為性犯罪是讓被害人感受到性方面的「羞恥感」或「屈辱感」。但總體來說，這樣的說法過於狹隘。首先，受害者不一定只會有羞恥或屈辱的情緒，再者，這句話本身也帶有性觀念的偏見。

「羞恥」這個字眼本身，其實也代表了社會對性暴力受害者的歧視眼光，認為受害者「必須」感到羞恥。但事實上，要感到「羞恥」的應該是做錯事的人，而不是受傷的人需要感受到的情緒。更何況每個人受到傷害後，出現的情緒反應也不只有一種形式。所以正確來說，只要導致對方感覺「不舒服」，都可以視為一種性犯罪。

再次強調，所有與性相關的傷害行為都是性暴力，不光只有強暴而已。勉強對方聽自己說情色話題、看自己生殖器的猥褻行為，或是傳送性愛照片、訊息，以及在未經當事人允許錄影或散佈性愛影片等等，也全都是性暴力。一般來說，性暴力大致可以分類成言語性暴力、視覺性暴力、身體性暴力、數位性暴力、經濟性暴力（性交易），但並非每一個事件都能被明確歸類，例如，言語性暴力與視覺容易同時出現，身體跟經濟性暴力時常相互連結。

以「性騷擾」來說，在辦公室被詢問「三圍多少？」、「會用保險套嗎？」、「有沒有發生過性行為？」等侵犯個人隱私的問題時，表面上看起來是言語方面的越界，但其中也包含了利用職場、僱傭關係等中的地位施加壓力，脅迫對方順從的經濟性暴力。

此外，若在違反意願的情況下，以任何形式將性器官或其他身體部位、物品和對方身體結合，發生所謂的「性侵害」，也就是「強暴」、「強制性交」，也會在法律上受到相當的懲處。不過，以教育觀點而言，了解性暴力的用語或法條上的刑責意義不大，更重要的是教導孩子基於「尊重」的態度，發自內心不做出可能造成傷害的行為。除此之外也要讓孩子明白，當感受到他人對自己施加「性方面的不適感」時，不需要猶豫或隱忍，這就是性暴力。

Column 06

停止對性暴力受害者的指控

性暴力毫無疑問是一種暴力行為，但弔詭的是每當發生性暴力事件時，卻始終有部分輿論，會將原因推卸到受害者身上，認為受害者必須承擔部分責任。這種幫加害者辯駁的想法，其實也是助長性暴力現象的幫凶。以下三點，是性暴力受害者最常受到的錯誤指控：

◎錯誤指控1：如果奮力抵抗，性暴力就不會發生

這句話完全不成立。首先，性暴力不單純是力量上的暴行，也時常透過恐嚇、權力等其他強制性的威脅發生。更何況我們的身體在處於驚恐的狀態時，很容易過度僵硬而無法動彈，更不要說進行抵抗。所以，不論抵抗與否，強迫別人的行為都是一種暴力。

◎錯誤指控2：是因為穿得太暴露才引人遐想

在這個指控中，認定性慾是無法克制的天性，所以看到對方穿著性感時，按耐不住慾望也是人之常情。按照這個理論，如果有個男生在大馬路上看到性感的女生，不是應該當場性侵嗎？然而，犯罪者通常是一路尾隨到人煙稀少的地方，刻意挑選嬌弱的受害者下手，所以可想而知，這個說法完全沒有根據。

◎錯誤指控3：受害者一輩子都會活在陰影之中

這樣的說法看似體貼受害者，實際上卻是將受害者從社會上孤立的思維模式。性暴力受害者只要接受適當的治療和休息，絕對有能力回歸正常生活。當然，每個人需要的復原時間與方法都不一樣。

02
性暴力

他欺負我是因為喜歡我嗎？

「他是因為喜歡你才這樣的啦～男孩子有心儀的對象時，就會因為害羞忍不住捉弄人、做一些惹人厭的事情！真的很調皮。」——小學老師

「你知道為什麼他會做出那種事跟說出那種話嗎？因為喜歡妳啊。那個人會這樣使壞是因為喜歡上妳。」——電影《他其實沒那麼喜歡妳》

美國有一位名叫瑪莉特史密斯（Merritt Smith）的母親，她的四歲女兒被一個男孩子打傷送醫治療，然而，醫院的護理人員卻對她女兒說：「我敢打賭那個男生一定喜歡妳」。這段言論讓瑪莉大感憤怒，在網路上寫下「我無法容忍『喜歡妳的人也可能傷害妳』這樣的訊息。」此外，她也提出她身為母親的深切控訴「醫護人員的說法，會讓人把男性的攻擊視為喜歡對方的表現，而這是錯誤的想法，」她說「請不要對我那個被男生打到瘀青流血、需要縫合的四歲女兒說，他是因為喜歡妳才這樣。」

在這個章節中我想要傳達的，其實就是這件事。暴力絕對不可以被當成是一種表現愛意的方

式，更不能接受得理所當然。看到這篇文章時，我除了對這樣的謬論感到震驚外，也很羨慕瑪莉的女兒。如果我們小時候有人能這樣跟我們說就好了。各位小時候有過被男孩子作弄得受不了的經驗嗎？突然被掀裙子、射橡皮筋、彈內衣肩帶……在我的成長過程中，這樣的情況一再發生。然而，即使委屈地向老師、父母、大人尋求幫助，也只會得到：「男孩子很愛故意捉弄喜歡的女生，是因為他很害羞才這樣的啦」的回答。如此一來，我們就會養成「暴力也是愛意的表達方式」的危險觀念。當然，男女立場對調時也是一樣。

但我們不能這樣教孩子，錯誤的認知和容忍，是助長性暴力氾濫的火源。暴力是從不尊重對方開始的，而旁觀者之所以會出現「他是因為喜歡妳才這樣」的反應，也顯現了在我們的社會中，依然存在著視暴力與性慾為理所當然的陋習。

然而暴力就是暴力，不論在什麼狀況下，都不能用「愛」合理化。如果對方不接受，那就不是愛。若用「只有自己才了解」的方式表達愛意，有什麼意義呢？「不對等的性別關係」就是性暴力的起因，就像連續劇中常出現的橋段，會讓女生順應男生獨斷的態度，認為男生衝動積極的模樣很有魅力；而相反地，女生就適合害羞又消極的樣子。

請拋棄「男孩子本來就這樣」、「女生就應該怎樣」的想法吧，這些都是被塑造出來的形象。不要讓錯誤的觀念把暴力正當化。暴力並不是一樁小事，我們除了教育孩子不要成行使暴力的人外，也不能讓孩子成為對暴力逆來順受，或是認同用暴力表達喜歡、喜愛行為的人。

03 性暴力

小學生需要知道「約會暴力」嗎？

「兒子開始談戀愛了，但最近常常出現約會暴力的話題，所以我也擔心了起來。應該要在什麼時候跟他說呢？」——13歲孩子的爸媽

「學生們對談戀愛真的很感興趣，希望您可以幫忙進行教育。」——小學保健老師

不久之前我收到來自一所小學的性教育委託，但在我向學校提出關於「約會暴力」的課程規劃時，卻被退回來了，「他們還是小學生，有需要講到約會暴力嗎？」

為什麼會認為約會暴力跟小學生沒有關係呢？約會暴力跟談戀愛有高度的關聯。家裡有小學生的父母應該很能理解，小學高年級的孩子，對談戀愛跟肢體接觸真的非常感興趣，事實上這也普遍是第一次戀愛萌芽的年紀。

當然用我們的角度來看，會覺得小學生的戀愛算什麼戀愛啊，看起來就像扮家家酒一樣，不需要太嚴肅。但即便如此，很重要的一點是——孩子們對此相當認真。我們必須更重視這一點，藉此理解並接納孩子的煩惱與情感。

在名為「戀愛」的關係當中，孩子將經歷許多人生初次的體驗。像是第一次牽手、接吻的甜蜜滋味、爭吵或分手時的苦澀，還有如何表達自己的心意、體貼另一半的方法等等，也可以透過經驗知道哪種類型的人不適合自己。換句話說，孩提時代的戀愛看起來沒有什麼，卻是建立性價值觀的重要過程，因此，當然也要讓他們對約會暴力有一定的認知。不需要鉅細靡遺告訴他們各種暴力的形式，重點在幫助孩子建立「尊重獨立個體」的觀念。可以就兩人之間如何體貼相處的方法來探討，讓他們明白所謂的戀愛，不是成為對方的所有物，而是兩個獨立且個別的存在所共同經營的一段情感關係。

約會暴力的起因，大多來自認為「我擁有對方」的錯覺以及缺乏尊重的概念。在這些人的認知中，如果已經交往了，表示可以把對方當成自己的所有物，對方也必須按照自己的想法行動。因此，會出現試圖控制另一半，或是不斷要求、請求對方達到自己需求的行為。約會暴力中不一定會使用威脅或強硬的手段，而是利用兩人之間的「愛情關係」，讓人沒辦法輕易拒絕，儘管看上去不是出自強迫，但實際上卻沒辦法按照自己的意思行動。想著對方會不會不喜歡我呢？會不會跟我分手呢？會不會讓對方丟臉？而不由自主聽從對方的指令。

我曾經看過一對在購物的父女，他們看起來關係很要好。但爸爸在看到女兒挑的衣服之後說：「男生不喜歡那種衣服啦，男生會比較喜歡這種的，穿這種衣服妳男朋友才會開心。」當然爸爸是想開個玩笑，藉此讓女兒穿更漂亮的衣服。但如果父母反覆講這種話，其實會對戀愛觀念帶來負面影響，有可能會讓聽者產生「戀愛就是要配合某個人」的想法。

當然，考慮到對方的喜好來挑衣服並無不可，但是如果認為「非這樣不可」的話，那就容易在談戀愛的過程中失去自我。越是這樣，自信心就會變得越低，即便對方刻意說出傷害自己情緒或自尊的言語，也會認為對方是正確的。

舉例來說，如果每次出錯另一半都劈頭斥責「我就知道你會這樣！」時，你會問對方「你為什麼要這樣講話！」還是自責「我自己也不知道為什麼會這樣子……」很明顯，後者已經對自己失去了自信心。這些貶低性的話語聽久了，對自己的認同感也逐漸降低，甚至在心中認定「除了這個人以外，不會有其他人願意愛我」的想法，而無法脫離不平等的戀愛關係。

為了避免這樣的狀況，我們可以透過日常對話，讓孩子知道在戀愛關係中，必須同時為自己和對方設想，才能建立健康安全的戀愛關係，例如「雖然他喜歡這個，但你還是可以選自己想要的啊」、「如果你要把大頭貼換成跟男友的合照，不用先問問對方嗎？說不定人家覺得害羞或不樂意耶」等，像這樣透過對話，幫助孩子學會尊重戀愛對象。

在生活中，替不認識的人著想一點都不難，因為我們不會突然大步靠近對方，就算對有難的陌生人伸出援手，也只是短暫的交流；但是面對關係越親密的人，我們卻反而越容易傷害對方。越是親近的人，越是需要提醒自己給予尊重。希望我們的孩子，能夠成為願意停下腳步檢視自己的行為，願意為對方著想，且在意識到自己的錯誤時，願意道歉並反省的人。這樣一來，他一定可以談一場很棒的戀愛。

預防約會暴力的核心是學會尊重，如果孩子懂得尊重他人，那同樣地，他也會知道對方有沒有給予自己相同的尊重。身為家長的我們，如果發現孩子將交往對象視為自己的所有物，請一定要點醒他，戀愛不是擁有對方，而是與對方締結關係，並把這份關係延續下去。同樣道理，如果孩子受到另一半的想法牽制，也請幫助他擺脫這種不尊重自己的想法。

所謂的約會暴力，指的是在所有從戀愛延伸的關係中，以彼此間的親密感或個人隱私為籌碼，產生的暴力行為。這其中也包含了戀愛前後。因為就算是「戀人未滿」的階段，假設彼此有好感，聯繫的頻率跟交流的情感也會跟其他普通關係的人不同。再說到分手後，交往期間得知的資訊，或是家裡住址、手機密碼、家人電話號碼之類的個人資訊，並不會因此消失。

像這種情感上的親密感與依賴，還有個人資訊，都可以被利用來行使暴力，或使對方無法斷絕關係。因此，不僅限於約會中或交往中有可能發生，而約會暴力，也是其中一種性暴力。

Column 07

約會暴力的類型

約會暴力可以分成以下七種類型。但因為約會暴力有很多複雜且微妙的領域，所以需要大量分析、説明與範例。因此，以下只能做粗略的分類，如果有需要，建議可以去聽專家的演説，或是參考更專業深入的書籍。

掌握約會暴力的類型，有助於幫助我們在遭遇傷害時，能夠更有警覺心。

◎控制類型－會直接掌控並監視對方的行為跟人際關係。

➡ 檢查手機、約束穿著、過度干預交友狀況

例如「今天你又跟那個人見面？我不是説過不要再跟他見面了嗎？以後要去就帶我一起去。」

◎言語類型－批評、辱罵、說出會讓對方感到丟臉、恐怖的言語。

➡ 用對方不喜歡的綽號來稱呼、罵人

例如「骯髒的臭女人！」

◎情緒類型－會危害到情緒安定跟傷人自尊的言行。

➡ 做一些看似快生氣的行為、讓人無法拒絕約會或肢體接觸

➡ 帶給對方罪惡感、讓對方做出補償行為

➡ 不分青紅皂白就批評對方的決定、讓對方自尊心受損

➡ 大聲説話、威脅

例如「你怎麼什麼都不會。只有我才願意跟你在一起！」

◎身體類型－直接或間接地在身體上施行暴力的行為。

➡ 打人、推人、丟東西、加以傷害、綑綁人

◎經濟類型－為對方帶來經濟上的負擔，或讓人困擾的行為。

➡ 借錢不還、要求超出常理的利息、強迫送禮

➡ 給予不想要的禮物或金錢

◎性方面類型－進行不願意的性行為。

➡ 在不想要的地方肢體接觸、進行不喜歡的肢體接觸

➡ 不讓對方使用避孕用品

➡ 不為懷孕、性病負責任

◎數位類型－利用數位器材進行的暴力行為。

➡ 檢查手機或電子信件、監視社群網站

➡ 未經同意之下，拍攝或散佈對方的照片、影片

➡ 在社群網站上發表批評對方的文章或虛假謠言

並非所有的約會暴力行為都能被準確分類，因為必須要考慮到雙方的互動、過去關係等等，才能掌握到更正確的問題。而且有些狀況屬於混合類型。舉例來說，「檢查手機」就包含控制類型跟數位類型兩種。

情緒類型跟性方面類型也經常一起出現，像是灌輸對方「妳是一個很糟糕的女朋友」這種罪惡感，讓對方以為「只有我才願意為了妳發生性關係」。

04
性暴力

N號房事件的警惕——所謂「數位性犯罪」

電影《霹靂嬌鋒》（Miss & Mrs. Cops）描寫了兩位女刑警私下進行搜查時，所遇到的障礙和碰撞。在電影中，為什麼兩位刑警要冒著危險進行私下搜查呢？原因就在於我們的社會對於數位性犯罪的認知相當不足。兩位刑警所調查的事件就是數位性犯罪，但在警界內部對於數位性犯罪的嚴重性沒有共識，搜查在眾多問題因素之下難以繼續，於是兩位女主角才需要親自站出來。

雖然這是電影當中的設定，但也反映出了我們社會的問題。從二〇一七年開始，雖然大家都逐漸知道數位性犯罪了，但我們對其相關的知識依舊相當不足，還是下意識將非法偷拍的影片當做一般的色情影片，或是開玩笑的整人影片。

所謂的數位性犯罪，指的是利用數位器材所進行的性犯罪。代表性的例子為未經同意之下拍攝照片或影片、合成性愛照，甚至將其散佈與公開。這些犯罪都可依刑法或兒童及少年性剝削防制條例處分，尤其是以營利為目的的犯罪情形，這些絕對不是可以姑息的雞毛蒜皮小事。

數位性犯罪有哪些？

利用數位器材、媒體資訊與通訊技術犯下的性暴力，而藉由這種性犯罪行為在虛擬網路上或實際生活中造成傷害。

數位性犯罪的例子

- 非法偷拍：在未經同意之下拍攝他人身體。
- 散佈與公開：沒有獲得同意之下散播影片，或在網站上公開影片。
- 流傳非法偷拍影片：分享非法偷拍影片或是上傳到網路。
- 合成照片：把他人的照片合成為性愛照。
- 要脅散佈：威脅對方要散佈影片，藉此索取金錢或是發生性行為。
- 虛擬性暴力：在虛擬網路空間中做出性方面的言行舉止。

數位性犯罪因為不會面對面接觸到受害者，所以很容易被忽視，甚至根本沒意識到它的存在。特別是學生們，即使在網路上看到非法流傳的影片，也會當成是娛樂性質的成人影片。每當看到學生們若無其事分享或散佈偷拍影片時，我都再次深刻感受到性教育的刻不容緩。學生們也會在聊天群組中，用帶有性暗示的觀點去形容或評論某一個人的身材、照片，甚至分享性愛過程，把這種事情當成無傷大雅的玩笑話。

如果發現孩子在分享或觀看非法偷拍的影片，請一定要果斷告訴他們，這是絕對的犯罪行為，而且會侵害到他人的人權，和不違反自主意識的色情影片完全不一樣。

數位性犯罪跟其他的性犯罪一樣，是在錯誤的性觀念下產生的傷害行為。因為我們的社會長年來習慣用性慾的眼光看待異性，並且把性方面的威脅當成一種玩笑，才對導致孩子對性犯罪的敏感度降低。請讓我們的孩子從小培養正確的性觀念，儘管沒有惡意，也不可以隨意議論他人的性與身體。

此外，請避免出現將責任歸咎給被害人的想法，這無疑是不人道的二次傷害。以散佈偷拍影片來說，除了偷拍的人以外，散播、觀看的人也全都是無法推卸的加害者。只要有人看這樣的影片，非法偷拍的需求就會持續存在。

我們對數位性犯罪必須抱有問題意識，當我們有了警覺，才有可能藉由每個人小小的力量來改變性暴力文化。讓自己也好，我們的孩子也好，有權享受安全的網路世界。

Column 08

數位性犯罪被害處理方法

◎蒐集被害資料

備份被害影片、網址；截圖被散播的內容、發文者帳號、發文時間、聊天群組等，盡可能蒐集相關證據。

◎向網站要求刪除被害影片

如果被害影片在雲端、部落格、社群網站上被公開，記下發文主題與網址連結並可藉由客服申請刪除。如果是公布在社群網站上，也可以針對文章進行檢舉。

◎尋求社會單位援助

可向婦女救援基金會、現代婦女基金會、勵馨基金會尋求援助（聯絡方式見附錄）。這些機構可協助針對被害事件做諮商，或是幫助受害者做進一步的心理治療。如需採取法律途徑，亦可透過以上中心詢問法律援助單位。

05 性暴力

了解「界線」，比學「我不要」更有用！

「彬彬啊～如果有不認識的叔叔問你『要不要買冰淇淋給你？』的話，一定要回答『不可以！』喔。」——出自社群網站的韓國知名影片

「不可以～我珍貴的身體～我不要～當有人想碰我的身體時要用力尖叫～請幫幫我～不可以～我不要～請幫幫我～大聲大聲叫出來～」——卡通角色，YouTube頻道「Littletooni的神祕公寓」歌詞

如果問韓國的學生，曾經接受過什麼預防性暴力的教育，大概每個人都會唱這首《不可以歌》。光是看到「不可以，我不要，請你別這樣！」這幾個字，腦中就自動浮現出旋律。我小時候也學過這首歌，不過沒想到過了幾十年，現在居然還在進行相同的教育。在幼稚園、小學低年級的時期，不論是預防走失、誘拐，還是防治性暴力的教育，學生都是用這種方式學習的。不知道各位是不是也這樣教孩子呢？「要是有不認識的叔叔跟上來，一定要大聲尖叫並喊『我不要！』」

從「預防性暴力」的觀點來看，我並不推崇這樣的教育方式。追溯「小心陌生人！」「遇到壞人要大聲說不可以、我不要！」的源頭，都是把重點放在「受害者」的立場。在我們從小到大的教育之中，幾乎很少提到「如何避免成為加害人」，校園中也只會張貼「性侵害防治」的宣導海報。當然不是說這些不重要，只是在這樣的教育下，很難達到真正的防治作用，因為性暴力的起因不是受害者，而是加害者。我們沒有辦法藉由小心自己的行為，來阻止性暴力的發生。

除此之外，「小心陌生人」也是不夠完善的預防心態。根據二〇一八年韓國大檢察廳（相當於台灣最高檢察署）的資料，兒童性暴力犯罪者約有百分之四十為朋友、鄰居、親人等受害者身邊的人（依據台灣衛福部保護司二〇〇五年到二〇一八年的統計，已通報的性侵害案件中，有72.8%的受害者與加害者互相認識）。

換句話說，應該要為孩子培養出敏銳度，而不是提防「陌生的叔叔」。即便是關係親密的人，只要做出讓自己感到不舒服的舉動，都必須提高警覺。

再者，大部分的加害者會挑人煙稀少的地方犯案，大喊「不可以！」「我不要！」未必能夠達到嚇阻效果，甚至可能導致加害者更興奮而發生危險。

這種教育方式還有另外一個更嚴重的問題，就是會把罪惡感深植在受害者身上。若孩子從小被灌輸「自己要小心」的教育，當遭遇傷害時，很有可能反過來怪罪自己，出現「爸爸都已經叫我要大叫了我卻沒照做」、「是不是我沒有保護好自己才發生這種事」的想法。有些兒童性犯罪者甚至會利用孩子這種自我責備、不敢反抗的心理，持續行使暴力。

因此，即便以「預防受害」的觀點來看，我們也要幫孩子進行更全面性的演練。可以多跟孩子討論不同狀況下的防護措施，例如什麼時候要趕快逃跑，什麼時候跑了反而危險？如果手腳沒有被綁住，或許可以故作鎮定一陣子，再抓緊時機避開對方耳目跑掉，但跑掉之後要去哪裡？有非常多的問題可以討論。當然，也不要再以千篇一律的「如果有個不認識的叔叔……」來開頭了。雖然遇到性暴力的處理方法沒有標準答案，但也請記得讓孩子知道，必須依照現況判斷最恰當的自我保護措施。

此外，最重要的還是要讓孩子深知「界線」的重要性，並培養他們的敏銳度。這樣一來，當他們感受到自己的界限受到侵犯時，才能快速提高警覺，也不會去觸碰到別人的界線。

06
性暴力

「保護自己」不足以杜絕性犯罪！

「我爸都不會干涉哥哥跟朋友去很遠的地方玩，但我連補習班下課後去附近晃晃都被禁止。他說女生跟男生不一樣。」——學生，五年級

「不管怎麼說，就是讓人很擔心。每次看社會新聞心臟都擔心得砰砰跳。女兒長大後該怎麼辦呢？」——13歲孩子的爸媽

我小時候總是很羨慕男生朋友，因為他們就算深夜才回家，也只要打一通電話給父母就可以了，去旅行的時候也是，不用擔心得不到允許的問題。就連現在我已經是成年人了，父母還是會約束我的穿著、回家時間，可不是普通的麻煩。

不只這樣，女孩子交了男朋友後，父母也會特別叮嚀要小心、避免懷孕，或是禁止孩子在20歲以前發生性行為。有的學生還跟我說，爸媽曾警告她如果女生在外面亂來（到底亂來是什麼意思呢？）會被傳得很難聽。為什麼「因為是女生」，就要特別謹慎小心呢？

最主要的原因，是因為在性犯罪事件中的受害者多數為女性。根據二〇一八年韓國統計廳的

資料，女性的性暴力受害者比男性多了17倍（根據台灣衛福部保護司二〇一八年統計，性侵被害人中，女性佔81%，其中18歲以下的被害人佔全數六成，女性佔75%）。也是因為這樣，性暴力時常被視為以「性別」為出發點的暴力。

先姑且撇開男性也很有可能遭受性暴力的問題。如果以「性暴力事件中，多數受害者是女性、犯罪者是男性」的觀點來看，為什麼我們的爸媽從來不會叫兒子小心一點呢？即便在外面晃到大半夜，也很少聽到父母說「你在外面閒晃女孩子會害怕，要顧慮一下別人的感受」這樣子的話，更不要說提醒他們不可以做壞事。

之所以會這樣，是認為「我家的兒子不會做那種事」嗎？如果大家的兒子都不會做壞事，那做壞事的究竟是誰呢？這樣的觀念如果持續下去，我們治安的漏洞將永遠無法填補。更何況，其實不論男女都有成為受害者或加害者的可能性。

如果在我們擔心遭遇性暴力之前，先留意自己是否造成他人不舒服或是傷害，才是更接近理想的狀況。不論是女生避免暴露的穿著或是早點回家，都是治標不治本，無法從根本遏止性暴力事件發生，最徹底的防治措施，就是任何人都不要變成加害人。

在討論性犯罪時，也有很多人認為要防範精神異常的人，也就是那些無法適應社會的邊緣族群，或是罹患精神疾病的人。然而以二〇一八年韓國的兒童性犯罪統計為例，兒童性犯罪者當中，患有精神疾病的僅佔4.2%。由此可見，大部分的性暴力加害者，都是再普通也不過的人。

在社會普遍認為「男性無法控制性慾、力氣大，所以容易成為性犯罪者」的錯誤觀念背後，又蘊藏了一層「女性是具有誘惑性、引發性慾的存在，必須更小心保護自己」的謬論，彷彿只要在身體部位後面加上「女人」便成了性暗示，例如「女人的後頸」、「女人的手腕」、「女人的嘴唇」。在這樣雙重的偏見之中，性犯罪被視為會自然發生的事，而女生卻只能自求多福。

像這樣面對「性暴力」的消極偏頗態度，要持續到什麼時候呢？只有我們從自己開始改變觀念，並用這樣正向的觀念教育我們的下一代，社會才有可能往更好的方向改善。

當然，在現實的情況下，身為父母難免還是多擔心女兒一點，但不要忘記了，如果要提醒女兒，也請一併提醒兒子注意安危，這樣一來，既不會把不安和壓力加重在女兒身上，也可以避免兒子誤以為事不關己而失去警覺心。也請記得，如果加害者跟社會觀點依然故我，等孩子們長大後，依然要面對相同的困境。所以從今以後，不管是女兒也好兒子也好，請讓他們成為懂得尊重別人界線、也能確實分辨自我界線的人。

07
性暴力

家庭性教育是最重要的一塊拼圖

「孩子在學校每年好像都會有性教育的課程耶，那這樣在家裡還需要做性教育嗎？尤其是像性暴力，要教這個真的很有壓力。」——13歲孩子的爸媽

「應該要如何在家中教孩子防治性暴力呢？不久之前小孩的學校發生了性暴力問題，我很擔心我們家小孩會不會也這樣？」——12歲孩子的爸媽

為什麼要在家中做性暴力教育？

首先，我們來想一想一定要在家中進行性暴力教育的原因吧。很多人光聽到「性暴力」這個單字就覺得很有壓力，而且感覺會牽涉到許多專業知識。即便我每天都在做防治性暴力的教育，這個主題對我來說依然不是容易的事，常常為此煩惱。但儘管如此，我還是必須要說，防治性暴力的教育必須在家裡隨著生活一起實行，才能達到真正的完整。

性教育就如同一片大拼圖，就算在學校接受再好的教育，也只是其中的一塊，無法因此變得完整。我們必須在性教育中，培養孩子在日常生活中的敏銳度，也要累積各種不同的經驗。只有當學校性教育、家庭性教育，還有社會文化的每一小塊拼圖都拼湊起來，才能讓性教育這一幅圖畫完完全全呈現出來。

尤其性暴力的防治更是如此。因為性暴力是攸關界線的問題，牽涉到不容許其他人碰觸、只屬於自己的，心理與身體上的空間。界線不會在某一刻突然出現，或是突如其來感受到，界線是與生俱來的存在。然而，對於界線的敏銳度，卻要透過日常的培養、教育與經驗才能磨練出來。換句話說，必須先知道界線受到尊重是什麼感覺，才能藉此察覺到自己具備私領域，如此一來，當有人侵犯到自己的界線時，才有辦法快速警戒。

在性教育中，日常生活的經驗與學習相當重要，而提升界線範圍的辨識力，更是防範性暴力中不可或缺的一環，讓孩子們在發生嚴重的傷害之前，具備能察覺警訊的敏銳度。

在定義性暴力時我們曾經提到，當有人以任何形式帶給我們性方面的不舒服感時，就是所謂的性暴力。而這種不舒服的感覺有很多種，煩躁、慌張、憤怒、丟臉……，如果我們沒有辦法劃清自己的界線，就算心裡有這些負面的情緒，也會基於「因為是長輩」、「因為是家人」、「因為關係很親密」等理由而故意忽略自己真實的感受，過著任人侵犯自己界線的生活。如果想要讓孩子遇到危難時能立刻察覺出異狀，並表達自己真正的想法，就需要在日常反覆練習。也因此，家庭的性教育具有無法抹滅的重要性。

家中性暴力的防治練習

在家中進行性暴力防治其實非常簡單。稍微改變原本的想法並花點心思，家中的教育就能成為性教育中非常棒的一塊拼圖，且不需要像學校教育那樣教導一些專門知識或法律，只要爸媽轉變一些既有的想法就可以了。

※改變想法

①家人間的碰觸沒有關係？↓就算是家人，也需要得到允許

在對學生進行尊重界線的教育時，我一定會請他們寫下自己曾經感到被侵犯的事。這是為了讓他們更準確了解什麼是界線，也是為了幫他們培養出對於界線的敏銳度。然而，在課程中我發現了一件很有趣的事情，就是學生們寫的例子，許多都跟父母有關。

「我都說不要了，但爸爸喝醉了還是一直親我。」

「媽媽會在我還在上廁所的時候直接跑進來。」

「奶奶、爺爺他們想抱我就會直接抱我。」

「阿姨老是要求我親她。」

這些小學生寫下的例子，大多是家人在未經允許的狀況下觸碰自己，或是勉強自己做出親密的肢體接觸。第一次看到這些孩子們寫的狀況時，我先仔細反省了自己，當時腦中立刻湧現每次看到我可愛的姪子們時，想都沒想就摟起來又抱又親的樣子。

在這之後我遇到姪子時，不論年紀大小，一定都會先詢問他們的意思再碰觸。像是「阿姨可以親你嗎？」、「讓阿姨抱一下好嗎？」令人驚訝的是，即便連話都還說不好的兩歲姪子，也能夠充分表達自己的意願。如果他們拒絕，我會改用其他方式表達關愛，例如「不能抱抱的話，那我可以跟你擊掌嗎？」當他們大方打開小小的手掌時，我會說句「謝謝你！」，然後開心擊掌！

就算是家人、就算是父母，也不可以隨意觸犯孩子的界線，要幫助孩子瞭解到這一點。即便關係再親近，踏入孩子的界線前，也一定要獲得許可。請讓孩子感受到自己的界限受到尊重。舉例來說，因為健康問題必須確認孩子的身體狀況時，建議這樣表達：「可以讓爸爸看一下你身體康復得如何嗎？我很快看一下就好。」

進孩子房間時也記得要敲門，聽到孩子的應答後再進去，守護孩子的個人私領域。此外，對於孩子感到尷尬的事情不要打破沙鍋問到底。生活中有很多看似平常、卻需要注意的地方，請家長透過這些小小的累積，為孩子培養對於界線的敏銳度。

當孩子有辦法清楚劃出任誰都無法隨意侵犯的界線，就能在有人試圖越界時很快察覺出來，意識到「這個狀況是不是有點危險？」反過來說，也能夠成長為不隨意觸犯他人界線的人。在尊重中成長的孩子，沒有道理成為不懂得尊重的人。

②那孩子也太敏感了吧，怎麼會這樣？↓他有可能覺得不舒服

第二個要改變的想法是「無法接納孩子情緒」，這也是為了守護孩子的界線，需要改變的想法。有的父母在孩子明確地表明自己的領域時，反而覺得孩子太敏感，說出「我們是家人啊，會怎樣嗎？」、「也太敏感了吧，幹嘛這樣」的想法跟言語，妨害子女建立自己的界線。

如果有人在未經允許下摸自己的身體，或是追問到私事，我們會覺得不舒服；跟陌生人並肩坐在隔壁時也會感到有點尷尬；甚至被人詢問到自己的年紀、住處時感到慌張，這是因為在所有人身上都存在著界線。

界線的樣貌與範圍會因人而異。有的人就算被陌生人問到私領域也完全沒關係；而有的人會覺得有點不舒服，但可能跟我一樣還不到慌張的程度。像這樣，每個人所擁有的界線範圍各有不同。我們必須瞭解到，孩子的界線範圍也有可能跟自己不一樣。對我們來說算不了什麼大事，對孩子來說卻有可能是令人煩躁、鬱悶、丟臉、尷尬的事情。

當孩子有辦法明確說出自己不舒服的感覺，表示尊重界線的教育確實起了作用，這是非常好的事情。所以，請接納孩子表達出來的情緒，如果不小心誤闖孩子的領域，可以坦率道歉或感謝，告訴他們：「媽媽直接進你房間不好意思，我沒想到你會嚇到。」表達對孩子的尊重。

當孩子鞏固自己的界線後，往後談起戀愛，即便對方冒然做了唐突的肢體接觸，孩子也能夠明確表達「喂！我不太喜歡這樣，到這裡就可以了」，而不是支支吾吾不敢拒絕，擔心自己破壞兩人之間浪漫的氣氛，或是認為表達了自己的想法對方也不會接受，只好暗自隱忍。

一段健康、安全、不違反雙方意願的性關係，建立在「相互尊重」的基礎之上。這種「界線與情感受到重視」的經驗，需要從小開始累積。如果連最親密且親近的家人、父母，都不願意守護孩子，那還有誰能夠教孩子學會尊重呢？

③要順從長輩的話↓小孩的意見也很重要

「跟奶奶說謝謝，然後抱一下。」

「長輩在問你話，還不趕快回答！」

「跟叔叔撒嬌一下就給你零用錢！」

這些話聽起來有點熟悉吧？有些人覺得直接跟長輩表達感謝或是撒嬌很難為情，所以會讓孩子代為執行，讓孩子親一下長輩，或是給予擁抱。但這樣的指令往往忽略了孩子的意願。

不管長輩怎麼想，都應該優先顧慮孩子的意願。孩子本人也好，周遭的大人也好，都需要確實了解這一點。當祖父母或親戚長輩要求肢體接觸時，如果小孩表現出不願意，請幫小孩做出適當的對應，像是「弟弟今天不想要親親耶，那抱抱就好了」。一開始長輩可能有點失落或難過，但他們會慢慢適應，並逐漸知道小孩願意接受的愛意表現。請不要為了長輩的情緒而不顧孩子的感受，這兩者一樣重要。

偶爾也會有不熟、甚至不認識的鄰居或長輩，一邊問「好可愛，幾年級啦？」、「長得很好看耶，上哪間學校啊？」一邊輕捏孩子的臉頰。像這樣的情形，往往是覺得小孩很可愛所以想搭句話，並不是出於惡意的表現。

但孩子通常對這種舉動相當反感。我每次在上課時舉這個例子，學生們都會不約而同皺起眉頭，傳出「這超煩人的！」、「真的，討厭死了」之類的抱怨。雖然當下可能礙於對方或爸媽的面子，沒有直接表現出來，但孩子心中依然存在不想被跨越的界線。

因此，比起無視孩子的意願，用「人家在問你話，趕快回答」的方式催促孩子，不如以婉轉的態度告訴對方：「我平常都跟他說不可以回答個人資訊，所以孩子可能不敢回答」藉此守護孩子的界線。當然，對方也有可能感覺沒面子，不過追根究柢這也不是孩子的錯，真正懂得尊重的人，並不會因此感到不愉快，甚至根本不會做出這樣的舉動。

④小孩就是會這樣啊↓尊重要從小開始學習

學校單位邀請我去上性教育課程時，我通常習慣先詢問對方，校內是否發生過什麼性暴力事件。校園內性暴力的問題，其實比我們想像得嚴重。同學之間以捉弄、嘲笑某人的身體特徵為樂，或是模仿成人影片的行為嬉鬧等，都是習以為常的光景。如果有人表現出反感，甚至可能遭到報復性排擠，所以就算討厭這些玩笑，大部分的學生也只會笑著掩飾。

有的人會說：「這年紀的小孩這樣很正常啦」表現出無所謂的態度。特別是男同學，還會補上一句「男孩子本來就這樣啊」，不只消極而已，而是完全不予處理。

「開玩笑」不是掩蓋暴力的理由。所謂的開玩笑，必須要開玩笑的人、被開玩笑的對象、還有在旁邊看的人全部樂在其中才行。只要有一方沒有感受到樂趣，就稱不上是開玩笑。

大家開玩笑時，都會挑比自己柔弱的對象。對於比自己力氣更大、權力更大的人，絕對不會去開什麼惡劣的玩笑。所以性暴力問題，是關於尊重，同時也是關於平等的話題。

「男孩子在這個年紀本來就特別頑劣」這完全是輕忽性暴力問題的標準台詞。就算是男生、就算年紀再小，尊重他人都是基本中的基本。如果小時候沒有養成尊重他人的習慣，也不會在長大後一夕之間開竅。因此最好的方法，就是一旦發現孩子脫口說出讓別人不舒服的話、或是做出不舒服的行為時立刻提醒，才不會衍生成更大的問題。性暴力不是瞬間爆發開來的犯罪行為，而是在偏頗的社會文化、低落的人權意識及缺乏尊重的概念等種種因素下累積而成。

孩子的素養比成就更需要栽培，請讓他們學會尊重他人，並深知所有人都是平等的存在。當這些孩子長大之後，自然能夠創造出尊重彼此的校園文化、職場文化還有家庭文化。不論他們長大後成為製作媒體的人、消費媒體的人，還是負責教育的人，都能在各自的崗位上，成為改變這個社會的小小力量，創造出更美好平等的世界。

防治性暴力教育的第一步，就是幫孩子設置守護界線的警鈴，在遇到危險時即時做出反應。像是近來越來越猖獗的兒童性誘拐（grooming）案件，都是在發生性暴力犯罪之前，就已經先經歷過一段累積親密感的過程。

在這種狀況下，對界線越敏感的兒童，越可以提早察覺可能發生的危險。而且他們也比較能夠確實感受對於對方越界的抗拒情緒，就算是對性愛什麼都不懂的兒童，就算對方是再怎麼親近的人。此外，也要為孩子建立起家的避風港，讓孩子在外面遇到傷害時的情緒、感受，都能夠在家裡得到接納。當然，尊重別人的界線也同等重要。

界線是眼睛看不到的。沒有辦法像區分出有戴眼鏡的人跟沒戴眼鏡的人、長頭髮的人跟短頭髮的人那般，輕易用肉眼分辨出喜歡牽手的人跟不喜歡牽手的人。這也是為什麼，我一再強調在生活中教孩子尊重界線的重要性，因為這件事必須靠日積月累的經驗，才能磨練出足夠的敏銳度，沒有辦法短時間速成。

「界線」就是「感受」。當我們具備了對界線的敏銳度後，不只是自己的界線，在面對其他人的界線時，也能透過各種徵兆感受到異樣。舉例來說，如果有一個人已經內建「尊重」的思維模式，就會在看到朋友露出為難表情時，瞬間察覺「原來他覺得不舒服啊！」然後迅速修正自己與朋友的相處方式。

性教育就像畫一片葉子，學校的性教育是勾勒葉子的脈絡，用正確的資訊和專業的課程架構出一個底座，而家庭性教育，則是在葉脈中填滿溫暖的顏色。身為教育者的我，持續在努力畫出更堅韌葉子，希望各位家長，也為葉子填上亮麗的色彩吧。

08
性暴力

我的孩子，是性暴力的「加害者」

有時候我會對加諸性暴力的學生進行特別教育，如果是這種狀況，我會請這位學生的父母也一起接受教育。大多數的父母對於特別教育這件事，會表現出負面的反應，因為他們難免會偏袒自己的孩子，或是認為性暴力問題只是雞毛蒜皮小事。

透過跟家長進行對話，有助於了解一個家庭的性觀念。根據我的觀察，有性暴力傾向的學生家庭，多半會把性暴力當成小問題，或是不知道什麼是性暴力，這種狀況是不是跟父母對於特別教育的感受一模一樣呢？

這個家庭的性觀念帶給我的感覺，以及父母對於特別教育的情緒，兩者並無不同。這兩者存在於同一個範疇，而且這種情緒與觀念會像鏡子般相互輝映。而在這之中，大部分的人認為檢討性暴力是小題大作、想要馬虎帶過或是試圖隱瞞。

然而，性暴力事件並不是「無心之過」，而是因為缺乏對他人的尊重，還有因為經歷了不對等的性別關係，所以才做出的行為，一定要改善跟矯正才可以。

在性暴力當中所說到的「不對等的性別關係」，指的是認為男性在「性」裡頭，會稍微更自然而然地處在優勢地位；相反地，女性只能把「性」當成要小心的事情。即使到現在，還是有人認為女性享受於性愛、擁有豐富的性經驗並不恰當，這些都是反映出不平等的思維陋習。

在日常生活中，男生開黃腔或是提出性方面的要求，其實都是很自然的事，而如果女生排斥或不願意，男生為此道歉也是合乎常理的反應。但是電影、連續劇中的男生，尤其是男主角，在面對女生推開自己、表現出抗拒時，卻很少甘願接受，反而會用力拉回把自己推開的女生，塑造出「充滿魄力的男子氣概」。

還有，我在學校進行性教育時，男學生們總是輕鬆自在地聊著性愛話題，大方分享自己的性經驗也不會太在意；相反地，女學生們則對於自己的經驗很害羞，就算有問題，也常常是課後才悄悄上前來詢問。雖然現在的女生對於談論性愛或其他性話題已經開放許多，但這種性別上的差異與不平等，時至今日，依然毫無差別，校方或家長也經常認為男生愛開玩笑不要緊。但其實，校園校暴力很有可能就是源自我們默許「拿性開玩笑」成為正常的事，導致男生將物化女性身體、評論女生身材當成娛樂消遣和樂趣。

我們必須要重視這個問題並進行教育才行。當孩子被指控施加性暴力時，千萬不要抱持得過且過的心態，或是認為孩子只是「沒想太多」。請務必用嚴肅的態度面對，謹慎確認事情的來龍去脈。雖然我們可能很著急、想要維護自己的孩子，但絕不能因此不分是非。而且最好一開始就有讓孩子道歉的準備，因為儘管事情還沒有水落石出，但這件事的確已經造成雙方不愉快。

另一方面，也有父母因此對孩子大失所望，甚至對孩子表現出強烈的反感。無論如何，就算孩子的言行不妥，「家人」的關係也不會改變是既定事實，請努力平復自己的心情，將孩子當成一個獨立的個體，避免說出或做出侵犯孩子人權的話語或行為。

舉例來說，孩子要是犯下大錯，我們很有可能不假思索說出：「我沒有這樣教過你，給我滾出去自己看著辦！」然而，這種話不應該從父母口中說出來，因為父母是孩子的後盾。我非常理解當爸媽的心情，也知道要在震驚和憤努中保持冷靜絕對不容易，但請不要只表達出負面情緒，而是要想辦法把握機會教育，讓孩子不再重蹈覆轍。

如果確認了孩子的性暴力加害行為，請主動積極參與學校或是偵查機關的處理程序，在這個過程當中，不可以帶給被害者二次傷害。二次傷害最具代表性的行為，就是直接聯繫被害者，勸對方達成和解。雖然是在跟對方求情、請求理解，但被害者只會更痛苦而已，而且這也絲毫無法幫助孩子，「你們平常不是很好嗎？」等等追究被害者責任的話，都是二次加害行為。

當孩子因為性平問題接受約談或特別教育時，建議父母也一起參與。因為在檢討並重建孩子價值觀的過程中，檢視家庭文化也很重要。如果只有孩子接受教育，好不容易新建立起的觀念，也會隨著課程結束、回到家庭後而畫上休止符。所以，請父母務必一起接受教育。

當所有的程序結束後，就要開始為讓生活重回正軌而努力。請確認自己跟子女的身心狀態，特別是飽受驚嚇的自己，先讓自己回歸到正常狀態，才有餘力協助孩子。同時，也要讓孩子針對事件認真反省，以及避免因此自我厭惡或矯枉過正。雖然過程可能很辛苦，但一定要保持平常心，並且更確實在生活中落實性教育，不讓同樣的事情反覆發生。

孩子被控為加害者時，不可以有這些想法

※有這麼嚴重嗎？

性暴力絕對不是一樁小事。不論是透過言語、訊息、或是直接的行為，性暴力都帶有很高的危險性。就算看似微不足道，但對被害者而言，都有可能是莫大的傷害與打擊。如果加害者犯了錯卻只認為「沒這麼嚴重吧！」，甚至周遭的人也認為是小題大作，那被害者的心情該怎麼辦呢？不可以忘記的是，不管我們的感覺如何，性暴力都不需要顧慮加害者的想法，而是必須站在被害者立場思考的問題。

性暴力牽涉到的是「不尊重他人的態度」以及「不對等的性別關係」。在或大或小的性暴力案件中，這兩者同樣都會出現。這是一個根本的觀念問題，如果沒有在我們所謂的「小事」中察覺並加以導正，在缺乏對於他人的尊重與平等之下，難保有一天不會演變成大事。

※孩子只是年紀小不懂事

就算孩子再小，也不可以容許暴力行為。甚至反過來說，正因為年紀還小，才更應該及時反省和導正心態。性暴力是關於尊重與平等的觀念，這些觀念不會隨著生理發育一起變得成熟，而是需要從小時候開始反覆學習，且透過無數的經驗累積而成。

如果小時候沒有學過正確觀念，在懵懵懂懂下長大成人，孩子製造禍端的可能性就會大幅增加。我看過很多家長，對於小孩子犯錯不以為意，抱持著「只是年紀小不懂事」的放任想法，結果在真的發生一發不可收拾的事情後懊悔當初。把握現在吧，現在就是教育的最好時機。

※是對方太敏感了啦！

每個人的界線範疇不一樣，被害者感受到的都是他們內心真實的反應，任何人都沒有權力要求被害者必須有其他感受。請尊重被害者，就算沒有共鳴，也必須了解每個人的想法不同、感覺不同，不要以自身當作看待別人的標準。

有些人認為被害者太敏感，是因為在他們的內心中，沒有把性暴力當成一件需要重視的事。不論在什麼狀況之下，性暴力絕非一樁小事。請不要草率帶過，發生問題時要隨時檢視並加以改善，才不會發生同樣的錯誤。

※只要道歉就好了吧！

當孩子做出性暴力的舉動時，千萬不要將事情含糊帶過，或是覺得道了歉就好，不重視後續的發展。想要導正孩子的觀念，需要把握犯錯後的最佳時機。如果單純把目光放在事件本身，很容易在事情結束後就不再提起，好像什麼事都沒發生過。然而，一定要深入思考事件背後的原因，也就是重新了解孩子的價值觀跟性觀念才行。如果需要接受校方或司法機關的懲處，也要帶著孩子一起坦然承擔自己的過錯。

「道歉就沒事了」的草率心態，沒有辦法讓孩子對被害者的傷害感同身受。不論對方的反應如何，是否接受道歉就能平息，身為監護人的我們都要知道，這種源自「不尊重他人」的行為，不應該隨著道歉落幕，必須更嚴謹反省與思考後續的處理。請幫助孩子勇於認錯、並透過這個教訓改正自己的觀念。

09 性暴力

我的孩子，是性暴力的「受害者」

這是一個令人相當難受的話題——當我們的孩子成為性暴力受害者。曾經有家長問過我，這種事情又不一定會發生，為什麼要這麼煩惱，弄得大家人心惶惶？當然，沒有人希望事情發生，最好永遠不發生。但我們沒有辦法斷言，自己或家人朋友絕對不可能遭遇憾事，性暴力也不會在發生之前先向我們預告。

面對突如其來的事件，慌張的爸媽、親友經常手足無措，因此下意識選擇逃避，或是不小心做出錯誤的反應或決定。有時候甚至連父母自己也連帶受到很大的傷害，導致事件本身、孩子的復原之路變得更加棘手。一時衝動脫口而出的話，也可能讓孩子承受非常大的傷害。

最好的方法，就是在事情發生前先預想好處理的方式。遇到不同的情況時該怎麼應對？什麼話語和態度對孩子有幫助？這樣一來，不論是在解決事件，還是在復原的過程中，爸媽都能夠成為孩子穩固的靠山。

切記，不可以讓孩子覺得遭遇性暴力是很丟臉的事情。就像我前面說的，性暴力是他人侵害到性自主權的暴力犯罪，傳統上常用「失去貞潔」形容受到性侵害的女性，甚至因此遭到街坊鄰居強烈譴責，這其實是大錯特錯的！雖然現代人的觀念已經開放許多，但下意識認為性暴力事件不光彩，希望被害人低調行事的狀況依然層出不窮。無辜傷害的孩子沒有錯，請把責任回歸到真正犯錯的人身上。

再來，也希望遭遇性暴力的人不要因此放棄人生。雖然性暴力帶來的打擊跟傷害大到令人難以承受，但請不要感到絕望，接受必要的治療，一點一滴重建破碎的身體跟心靈，只有往前走，事情才會真正過去。發生性暴力事件，就像生命長路中的一個坑洞，我們要努力跨過去，不要讓自己持續往下墜落。請幫助孩子克服心裡的恐懼，不要讓他們一輩子受到性暴力的傷害陰影折磨。

在照顧孩子之餘，也不要忽略自己的身心健康。對爸媽來說，沒有比看到孩子受傷害更難過的事，甚至比事情發生在自己身上更難承受。請隨時確認自己的健康狀態，努力回歸日常生活，如果真的很辛苦，停下來喘口氣吧！先專心復原，這樣才是對自己、對孩子最好的方法。

Column 09

不要讓孩子受到二次傷害

◎逃避後裝作沒這回事

「為什麼要告訴我這種事？」

「那個不算性暴力吧。」

「你不要在意就沒事了。」

「是不是你自己太敏感了？」

◎把責任歸咎到孩子身上

「你有好好拒絕對方嗎？」

「為什麼你那個時間會在那裡？」

「你平常是怎樣對人家的才會這樣？」

「要是我，我才不會這樣做。」

◎認為這件事很丟臉、很羞恥

「現在你的人生該怎麼辦才好？」

「這件事我們知道就好。不要亂說出去，絕對不可以。」

「在別人知道之前要趕快搬家。」

「這種事情不光彩，盡量不要讓人家知道。」

「發生這種事，別人會怎麼看你呢？」

◎忽略孩子的需求而擅自解決

「為什麼不報警？不管會怎樣，我一定要讓那個人吃到牢飯。」

「你現在判斷力不清楚才會這樣想。怎麼會說要原諒對方呢？」

「要是報警的話事情會變得很複雜又麻煩，所以大概解決就好。」

「對方都已經誠心道歉了，就算了吧。」

◎要求孩子理解加害者

「他是當下沒想太多才會做出這種行為。」

「他應該不是那種意圖啦！」

「他可能是覺得跟你很熟才這樣。」

「對方也是年紀小不懂事，我們體諒一下他吧。」

◎說出雪上加霜的言語

「因為這件事我們全家人都很不好過。」

「你知道因為你一個人，我們花了多少時間跟金錢嗎？」

「我從來沒想過會遇到這樣的事，以後該怎麼辦才好？」

「發生這種事，以後我們全家都會被指指點點。」

孩子遭遇性暴力的處理方式

※釐清狀況

大部分被害者父母會陷入恐慌、手足無措，也非常苦惱為什麼事情發生在自己跟孩子身上，這個真的是性暴力嗎？自責感、鬱悶感、擔心、憤怒……五味雜陳的情緒一擁而上。

而這都是非常自然的反應。請不要勉強自己非得正向思考，而全盤否定感受到的情緒。不管什麼情緒都是正確的，一切感受都具有其意義。不用去追究情緒的起因，請先好好安撫自己，家長的心情必須要安定下來，才有餘力幫助孩子。

孩子身為當事人，驚恐、難受的感受一定比任何人來得強烈。在這種時候，絕對不可以怪罪孩子，或是針對來龍去脈打破砂鍋問到底，而是要傾聽孩子說話，同時請保持同理心，給予真心的安慰，也感謝孩子願意說出口。不論聽到什麼內容務必保持沉著，家長過於激動的態度，反而會讓孩子退縮，急著大事化小或是隱瞞事情。

根據性暴力案件的分析，很少有孩子可以在事件發生時採取適當的防禦措施。大部分的孩子（甚至大人也是如此），在遇到危險都會全身僵硬無法動彈，或是根本沒意識到這是性暴力。因此，千萬不要說「為什麼沒有趕快逃跑！」這種話來指責孩子。也不可以要求孩子不要在意或是袒護加害者，說出「他可能是無心之過」或「他應該沒有那個意思」的話語來希望孩子體諒加害者。這樣的對應方式，對任何人都沒有幫助。

假設因為自己當下衝擊太大，做出不恰當的反應，事後一定要向孩子坦白，並真心誠意地道歉。必須要讓孩子知道自己真正的意思，然後跟孩子約定，會盡最大的努力尋求最好的解決方式，並陪伴他慢慢復原。

在採取任何措施之前，請務必充分了解事情的前因後果。就算過程中很痛苦，需要承受很多心理壓力，還是必須控制好情緒，用公正客觀的態度釐清原委。不要急著定對方的罪，也不要擅自認定這不是性暴力而草率結束，這樣會對孩子造成很大的負面影響。

如果已經釐清了事情經過，接著就要確認孩子的身心靈狀態。就算是心靈層面的性暴力，孩子也有可能因為龐大的壓力而引發不適，導致身體狀況變差，例如：消化不良、睡眠障礙等。如果是身體方面的性暴力，更要仔細確認是否感染性病、懷孕等狀況，建議前往醫院接受檢查。除此之外，也千萬不要忽略性暴力所造成的心理傷害，必要時，請務必向專業人士尋求支援。

※做好心理建設

確認過孩子的身心狀態後，接下來就是處理事件的過程了。不論是校方的協調，或是法律的訴訟，與其毫無準備立刻全力投入，建議先從心理的建設開始做起。

需要先做好心理建設的原因，是為了做出更適當的判斷。有些人認為，遭遇性暴力的被害者在深受打擊之下，會導致判斷力明顯降低，家屬也會因為憤怒變得有失公正。以我的經驗來看，這不全然是事實。因為在被害者身上也好、家屬身上也好，其實都充分具有解決事件的能力。

我曾經參與過幾次性暴力事件的審查，並在旁邊觀察辦案經過。我發現在過程中，被害者的意志非常關鍵，大幅影響整體的偵查方向跟速度。當然，辯護人跟周圍朋友也扮演著很重要的角色，但比較起來，被害者的決定還是最重要。如果被害者有明確的目標、意志堅定，通常事情也能夠快速解決。但如果被害者搖擺不定，時常受到外界干擾，進度就會阻礙不前。也因此，如果要採取法律途徑，請在報案前先釐清孩子希望怎麼處置。因為依照孩子想要的結果，解決方法也會有所不同。懲處加害者、讓加害者從所屬團體中除名、獲得補償等，請先幫助孩子確立結果，並盡可能往那個目的前進。

還有一點很重要的是，爸媽心中設想的目標。很多父母因為太過心痛，一心一意只想讓加害者確實受到法律的制裁。然而，訴諸法律是一段非常漫長且複雜的過程，在這段冗長又煎熬的日子裡，父母很有可能太過執著在加害者是否得到報應，而忽略了孩子真實的感受。在我們「為了孩子」做出任何舉動之前，請先提醒自己，這是不是真正能夠保護孩子的方式。

以我的觀點來看，解決性暴力事件的目標永遠只有一個，就是讓孩子復原。孩子在往後的日子裡能否身心健康地過生活，對我來說是比起一切更重要的事。不論任何事物，不論加害者受到什麼懲罰，都不會比我孩子的安全跟健康來得要緊。千萬不要忘記，在處理性暴力事件的過程中，父母擔任的是輔助孩子的角色，幫助他們在合理的範圍內，按照自己的意願解決事情。而父母最重要的任務，則是幫孩子重新找回健全的生活。

⁂ 保留證據

性暴力跟其他犯罪不同，大部分的證據會在短時間消失殆盡，而且有很多狀況無法從外觀上辨識出蛛絲馬跡。所以發生性暴力事件的時候，最先要做的就是蒐證，將現場狀況記錄下來。如果是關於身體的性暴力，可以前往醫院驗傷。證據越多，往後諮詢、判決時越有利。

⁂ 接受專家的諮商

我們從小到大可能做過萬安演習、消防演習、地震演習，但實際上面臨危難時，還是會慌張得手忙腳亂。更何況是性暴力教育還不夠妥善的我們，怎麼可能應對自如？

因此，我們需要接受專家的協助。如果不清楚可以獲得哪些幫助，建議向支援被害者的單位諮商。如果遭遇強暴等性侵害，建

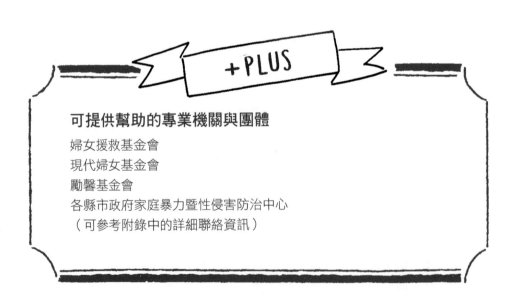

+PLUS

可提供幫助的專業機關與團體

婦女援救基金會
現代婦女基金會
勵馨基金會
各縣市政府家庭暴力暨性侵害防治中心
（可參考附錄中的詳細聯絡資訊）

議直接前往警局，讓警方協助聯絡檢調、社福、醫療援助等相關單位。

決定是否進入法律程序前，也建議先接受律師諮商，詢問關於供詞、撰寫起訴書等建議。如果擔心經濟狀況無法聘請律師，也可以透過家防中心（家庭暴力暨性侵害防治中心）或其他社會援助機構，得到相關的法律協助。

※全心全意在「復原」上

如果事情可以按照想像中進行，當然是最好的。不過事實上，判決不一定會完全符合我們的希望。但不論結果是好是壞，都跟成功或失敗沒有關係，也不是我們的錯。只要盡力在每個當下做到該做的事就好了，請跟自己和孩子說聲辛苦了。

當程序上的過程告一段落後，接下來就進入最重要的復原期。找個時間休息一下也好，出國旅行也好，或是游泳、做瑜珈等運動，請幫助孩子找到能夠釋放壓力的方式，專心修復自己與孩子的身心狀態。

Column 10

從孩子口中拼湊事發經過

◎建議錄音

聽孩子講述性暴力的過程時，建議要錄音。因為不論再專心也很難把所有內容記下來，而且第一次回想被害狀況提到的內容，有助於在之後更順利了解整起性暴力事件。

然而這個錄音檔案因為不是正式記錄，比起具體地詢問事件，不如將焦點放在小孩的情緒，並專注安撫他們。

之後若決定走法律途徑，在偵查過程中會錄下畫面，所以先不用擔心證據資料。屆時，也請跟孩子說明如果開始偵查後，談話畫面會進行錄影，並需要具體詢問事件過程。請跟他們說這是調查的必要過程，如果覺得很不好受，不想回答也沒關係。

◎在能「放下心防」的場所聆聽

請提供孩子一個能夠安心描述性暴力遭遇的環境。最好選在小孩能感到放鬆的地點。儘管是在家裡面，也要留意空間能不能讓孩子放心，且不一定需要全家人都在，只要能夠讓小孩覺得安心的家人在場傾聽。

◎過程中保持冷靜

因為太過驚訝而有憤怒或恐慌的反應，孩子就會感到不安。請以冷靜的態度等孩子把話講完，再給予認同與安慰，像是「爸爸聽到你的事情也非常心痛，你被嚇壞了吧？真的很謝謝你告訴我，還好爸爸能儘早知道。」

◎詢問開放式、具體的問題

如果提出錯誤方向的問題，或是封閉式的問題，都會阻礙孩子思考，導致無法全面且準確地了解事件始末，像是「是班導這樣做的嗎？」、「是隔壁班的那個人說的嗎？」、「他把手伸進去你的褲子嗎？」儘量不要用這種帶有預設立場的方式追問。請慢慢等待孩子開口，並以開放式的問題，讓孩子能完整描述事件。

除此之外，因為必須知道具體的日期、時間、次數等詳細資訊，像是「上學期也有發生嗎？」、「你記得是哪一堂課之後嗎？」、「當時周遭有幾個朋友一起？」，記得詢問關於事件的重要資訊。

◎整理狀況

孩子說完之後，請幫忙孩子理解狀況。這時候很重要的一點是，要告訴他們這件事是性暴力，絕對不是孩子的錯。不要只是說「那個人犯了很糟糕的無心之過」、「那傢伙的玩笑太過分了」然後草率帶過，要準確地表達出「那個人沒有尊重你的情緒跟身體。這個是性暴力，而且是大錯特錯的行為。」就算是小學生，也會在學校中學習防治性暴力的教育，對於性暴力也有某種程度上的了解。若父母想把「性暴力」這個字隱藏起來，甚至覺得很尷尬的話，那小孩也會將自己封閉起來。

最後，請盡可能去感受、理解孩子的情緒，並且謝謝他們鼓起勇氣說出來。也要跟他們約定，會盡力按照孩子想要的方式來解決事情，要讓他們知道，到所有事情解決為止都會陪伴著他們。

Column 11

蒐集充足的受害證據

◎寫下所有記得的事

➡ 關於加害者：個人資訊、穿著、髮型、其它特徵。

➡ 關於事件：運用5W1H的方式來整理，記錄原因（WHY）、對象（WHAT）、地點（WHERE）、時間（WHEN）、人員（WHO）、方法（HOW），把清楚跟模糊的部分分別寫下來。避免使用類似「好像是」這樣的推測性說法，盡量用明確的語句。如果當下有做出反應，也一併記錄下來，例如：尖叫、用力推開對方等。

◎備份加害的證據

➡ 備份或截圖所有加害方的聯繫方式，以及事件前後的所有訊息。

➡ 備份或截圖曾透露加害跡象、被害事實的訊息，包含日期與時間。如果試圖取證，請避免直接針對事件，而是以事件內容當開頭。例如：
「上次你對我性騷擾了對吧？」（╳）
「你上禮拜體育課時摸我的屁股，我真的很生氣！」（○）

◎保留實體證據

➡ 遭遇性侵害時，雖然很難受，但建議避免立刻洗澡，或是更換清洗衣物。請先前往警局，在警方協助下到醫院驗傷，並聯絡社工與檢察官。

➡ 將案發當時穿的衣服放在密封袋中保管，不要丟掉。

➡ 拍下身上的傷口、保留照片。

10 性暴力

孩子發現朋友受害，該怎麼辦？

在不久前，我受邀舉辦了一場以國中生家長為對象的性教育講座。在這堂課中，我受到了不小的衝擊性。像這種由家長親自籌畫並申請的課程，通常都有一個起因。果不其然，是因為發現有孩子的朋友遭受性暴力，所以才促成這個計畫。但令我感到訝異的，卻是這些家長在課程中時不時發出責怪被害者的言論。

從小學到高中的校園裡，很常發生性暴力事件。這些暴力行為時常被包裝成同儕間的笑話，剛開始只是小小的捉弄、玩笑，最後卻演變成嚴重的性暴力事件。

家長對於性暴力的反應，會反射在孩子身上。如果家長在察覺偏差行為時不以為意，或是因為不知道如何解決而擱置、冷處理，這對於被害者，對於自己的小孩，都會帶來負面的影響，導致容忍性暴力、追究被害者責任的文化一直延續下去。我們不能就這樣放任不管。

發現周遭朋友受到傷害時，要挺身站出來並積極解決，其實不是一件容易的事，也不是一定非做不可的事。但是周遭親友的態度，的確會對事件與被害者本身帶來影響。對被害者來說，聽到身邊的人說出不恰當的言論，甚至指責，會讓他們受到不亞於事件本身的打擊與痛苦。如果在往下墜落的時候身邊沒有人撐住自己，就會失去重新站起來的力量。

可靠的後援是被害者的支柱，可以讓被害者不再自責，也不用面對議論蜚語，有勇氣面對解決過程中緊接而來的困難。如果發現孩子的朋友有遭受性暴力的可能，希望大家能夠努力挺身而出，讓自己及自己的孩子成為對方的後盾。這個舉動看似為了被害者著想，其實也是為了改變我們的社會文化與建立子女的正確觀念。

站在旁觀者的立場，我們很難代替被害人提出訴訟，或是干涉只有家庭才能接觸的領域。但除此之外，我們還是可以盡自己力量提供幫助。

通常家長會知道這樣的事情，都是聽孩子回家訴說的。在這種狀況下，首先要讓孩子的情緒安定下來，並跟他們說明這個就是「性暴力」，也就是侵犯性自主權的暴力犯罪。必須明白點出問題的嚴重性，不要讓孩子以為無關緊要，或是去苛責被害者。

前面章節中，有提到關於性暴力的錯誤觀念，以防萬一，可以趁這個機會檢視自己跟孩子身上是不是還留有不正確的思維模式。這樣一來，也可以避免孩子往後跟被害者聊到事件相關的話題時，不小心失言，讓被害者留下痛苦的回憶。

而且也要告訴孩子，不可以用分享八卦的心態，把事情隨便告訴其他人，這會對被害人造成二次傷害。當然也不能透過社群網站、聊天軟體或網路散播，這不光是犯罪行為，更是不顧慮被害者的傷害行為。

除此之外，請向被害者說些支持的話，或是能夠讓他們感到安心的安慰。不論是遇到對方時當面說也好，讓孩子向對方說也好，像是「你應該嚇壞了吧。這件事絕對不是你的錯，大家都會幫你的！」讓對方知道有人站在自己這邊。

請盡力守護跟支持孩子的朋友。也要提醒自己的孩子，哪怕只有一點點，都應該盡量避免說出責怪被害者或追究責任的話，像是跟對方說「我就叫你要小心了吧！現在你的人生該怎麼辦才好？」這樣的說法，很有可能對被害者帶來更大的傷害，讓復原這條路更漫長。

對被害者來說，光是有一位不會譴責或用異樣眼光看待他，而且願意提供協助的對象，就是很大的助力了。如果想要採去更積極的作為，就要依照被害者的情況而有不同做法。

在法律訴訟過程中，我們很難提供實質的幫助，但是如果被害者想要將事件付諸公論，或是在所屬團體（學校、補習班）內解決的話，學生家長的角色就能成為積極的支持者，扮演監督或調解委員的角色，適當向校方施加壓力。此外，也讓自己的孩子成為改變學校或是補習班等團體風氣出一份力，在發現有人譴責被害者，或是針對事件講出錯誤言論，明確有力地加以制止。

當然最重要的，還是支持被害者的心意。不只是家長，請讓孩子們也一同參與。每起性暴力事件、每個被害者的情緒與創傷，需要的慰藉都不一樣。針對被害者提供最迫切的需要，才能為他們帶來最大的幫助。因此，請一起思考對被害者來說的需求是什麼。

性暴力會留下深刻且巨大的創傷，然而，這個創傷不一定是永久性的，依然有治癒的可能。希望各位能成為可靠的支持者，幫被害者鼓起勇氣面對傷痛。

11
性暴力

面對危機四伏的校園性暴力

＊此章節內容已修改為台灣2020年現況

隨著二〇一八年「#MeToo」運動[1]的活躍，「校園MeToo」[2]也在各地蔓延開來。校園內性暴力的嚴重性終於開始受到重視。這一系列的響應活動，集結了數以百萬的被害者力量，強迫全世界正視潛藏已久的性暴力問題。對此，學校方面也紛紛發表了校園內處置性騷擾、性暴力的方針，積極介入受到忽略的校園性暴力問題（台灣校內通報性暴力相關情事後，會交由性別平等教育委員會調查，並依照《性別平等教育法》及其他相關法令處理）。

校園性暴力顧名思義，指的就是校園內的成員間，在未經對方的同意之下，進行性方面的言語或行動騷擾，就算不構成刑法上的性暴力，也能依據相關法律進行保護及懲戒措施。此外，校方隸屬國家機關控管，一旦發生違反性別平等的問題，必須強制通報教育局，並進行積極的調查與處置，就算被害者不想要檢舉，學校還是必須依法處理。

1 編註：「#MeToo運動」是美國在二〇一七年因「哈維．韋恩斯坦性騷擾事件」而引發的社會運動，有數百萬性暴力受害者，在網路上標記#MeToo，勇敢公開自身的性騷擾經歷。

2 譯註：「校園MeToo」為響應「MeToo」發起的活動，會在社群網站上揭露校園中所遇到的性騷擾、侵犯人權的事件。

校園性暴力中的家長角色

如果在校園內發生性暴力的話，校長與教職人員必須依據對應措施來處理。校方也應該全力避免讓家長和被害者私下解決，以免延伸出更多的傷害。儘管如此，家長還是有必要關注整起事件的處理過程，還有要確認後續處置是否妥當進行。如果能記住以下要點，對於解決性暴力問題能帶來更多幫助。

+PLUS

台灣校園性暴力相關法令

《性別平等教育法》、《性侵害犯罪防治法》、《性騷擾防治法》

- 若加害人為學生，視級別可援引其他相關法令，如《國民教育法》、《高級中等教育法》、《大學法》
- 若加害人為教職人員，依情況可援引其他相關法令，如《教師法》、《教師申訴評議委員會組織及評議準則》、《兒童及少年保護法》、《兒童及少年性剝削防制條例》

校園性暴力檢舉處

學校學務處、教導處
警察局（110）
全國婦幼專線（113）
衛福部保護司（網站：關懷e起來）
各縣市政府家庭暴力及性侵害防治中心

校園性暴力解決主管機關

校內通報學務處、教導處、輔導室及性別平等委員會

※被害者緊急安全處置

當確認到被害事實的時候，可以要求在校園場所分開被害者跟加害者。如果被害者有需要的話，教務處須更換班級，避免雙方在同一個空間等，彈性配合調整課程事宜。

校方也要讓被害學生知道他們可以接受專門醫療機構的援助，需要緊急送醫或是接受社會輔導員諮商時，輔導老師或相同性別的老師都能陪同。一同前往的教職人員要跟受害學生說明來到醫院後即將接受的治療，還有要讓被害學生能找回心理上的安定感；當然，學校在被害學生為了治療、評估、事件偵查等不得已需要缺席、早退的時候，一定要給予許可。若有必要，校方亦須提供受害學生在調查期間的心理輔導、法律協助服務、課業協助及經濟協助等相關費用。

※性暴力事件處理

如果學校專責單位或教導處接獲疑似暴力事件，必須依法在24小時內向當地「家庭暴力與性侵害防治中心」通報（連絡資訊見附錄），也可透過衛福部保護司「關懷e起來」網站通報，並由法定代理人或學校提出檢舉。通報後，案件於3日內會移送性平會議決，並於20日內書面通知檢舉人是否受理；另外，若加害者嫌疑似為教師，也會以以書面通知教評會審議停聘與否。決定受理案件後，將經由調查小組、秘書單位、教務處、校內輔導室及關懷小組，處理事件調查及後續事宜。

※ 加害者處置

若有加害事實，學校或主管機關應強制加害人接受心理輔導，並且要求加害者進行8小時之性別平等教育相關課程；若經被害人或其法定代理人之同意，應該向被害人慎重道歉。

- 加害人為學生時，依各校懲處辦法，可能予以申誡、記過或退學等處分。
- 加害者為教職人員時，經教評會決議後，可能予以申誡、記過或解聘等不同等級的懲處。

+PLUS

校園內性暴力中，可能遭遇的二次傷害

☐ 學校人員針對事件提到不必要的部分，或是態度輕挑。
☐ 拒絕通報，想要在學校內部私自解決事件。
☐ 聽到學校人員譴責或追問被害者責任的言語。
☐ 被害者被勸説跟加害者達成協議或和解。
☐ 被害者受到要求轉學的壓力。
☐ 在升學、接受考試等課業方面，發生不利的情形。
☐ 遭遇團體霸凌、惡言惡語等。
☐ 要求行使被害者權利時，卻無法得到保障（依然將缺課視同為缺席、跟加害者處在相同空間等）。
☐ 事件的資訊遭洩漏、公開。

12
性暴力

透過法律制裁性暴力

＊此章節內容已修改為台灣2020年現況

如果決定要採取法律手段，首先要確認是否符合法律定義的被害條件，因為不是所有的性暴力都能依照被害者的感受進行刑事處分。尤其加害者若為14歲以下兒少，刑事便不會裁罰。

藉由司法機關來解決的話，需要考量在訴訟、雇用律師等的花費，當然還有過程中需要花費的漫長時間跟心力。雖然如此，如果能夠透過法律證明自己是受害的一方，也能達到心靈上的慰藉作用。另外，若在民事訴訟有獲得被害賠償，且加害者也將受到刑罰，可減少被害者在心理上的痛苦。

如果已經決定要透過法律解決，那請接受援助機關的法律相關諮詢。他們能對於保留證據跟準備起訴書的部分提供專業的建議和豐富的經驗，而在解決過程中我們也需要專家的角色，透過他們的幫忙，我們可以事先做好關於偵查、審理的準備，減少沒有預想到的碰撞與困難。

藉由法律途徑解決事情的優缺點

優點

- 法律上的強制力，可以對加害者造成有效的威脅。
- 可以藉由民事訴訟獲得損害賠償。
- 可以藉由刑事訴訟，在法律上獲得加害的事實。
- 可以讓加害者受到處罰。

缺點

- 解決過程可能會很複雜且漫長。
- 遇害過程難以舉證。
- 需要花上雇用律師等的費用支出。
- 有可能被反告誣告罪、名譽毀損等狀況。
- 在訴訟中如果敗訴會很灰心。

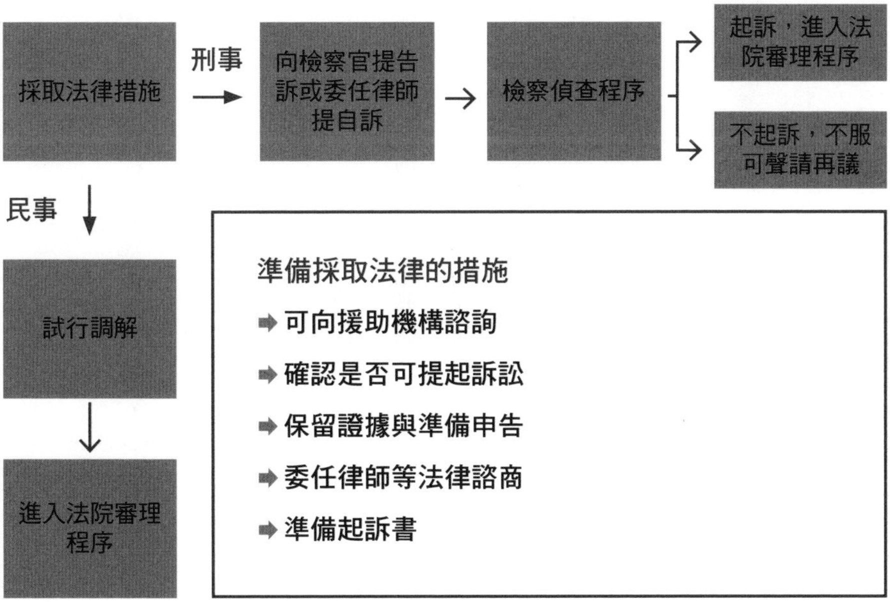

準備採取法律的措施

➡ 可向援助機構諮詢

➡ 確認是否可提起訴訟

➡ 保留證據與準備申告

➡ 委任律師等法律諮商

➡ 準備起訴書

法律上定義的性侵害犯罪

「性侵害犯罪」是指刑法中的性交犯罪與猥褻犯罪。

因此，性侵害犯罪不只限於有插入的性行為，還包含了觸摸、碰觸或其他猥褻行為也都是性侵害犯罪行為。

準備訴訟

可先向各縣市家庭暴力暨性侵害防治中心或法律扶助基金會，尋求免費的法律諮詢，由專業的律師協助分析整個案件的利弊，以及了解因應方式。如果完成所有的諮商與準備，就可以提出告訴了，刑事訴訟是由檢察機關接收被害事實後，提出法律途徑解決。

提出起訴後，檢察就會進入偵查程序。在調查的同時，會針對事件具體地訊問，被害者的家人、社工、代理人等被害者所信賴的人可陪同在場，尤其當受害者為兒童，請由家長或代理人陪同。偵訊過程會以錄影、錄音方式保存筆錄製作過程，以減少重複陳述作業。

偵查程序結束後，檢察官會決定要不要起訴。所謂的起訴，指的是檢察的偵查結果確定了加害者的加害行為，提起公訴並交付法院審理的意思；而不起訴則可能因罪證不足或檢察判斷沒有犯罪行為時，就會結束偵查。若告訴人不服這個決定，可透過委任律師聲請再議，如果上級檢察長仍認為不需起訴，最後一個救濟辦法則為由委任律師向法院聲請「交付審判」，交由法官裁定。

+PLUS

確認偵查過程是否有二次傷害

☐ 對被害人說出譴責或追問責任的言語。

☐ 被問到關於平常的品行或是性經驗等問題。

☐ 使用不尊重的言語或採取高壓態度進行偵查。

☐ 要求行使被害者權利（請信賴的人陪同在場、用影片拍下陳述過程等等），卻無法得到保障。

☐ 要被害者考慮加害者的立場，或是受到取消告訴、進行協議的壓力。

☐ 在未經同意的狀況之下，將個人資訊或關於事件的資訊傳達給周遭的人或媒體等等。

〔性侵害犯罪、性騷擾的法律意義〕

引法	類型	定義
刑法妨害性自主罪	強制性交	用強暴、脅迫、恐嚇、催眠或其他違反其意願的方法，強迫性交行為，構成犯罪。
	乘機性交	利用他人精神與心智障礙、身體缺陷等情形，乘他人不知、不知抗拒而進行性交行為。
	強制猥褻	用強暴、脅迫、恐嚇、催眠或其他違反他人意願的方法，強逼男、女進行猥褻行為，構成犯罪。
	乘機猥褻	利用他人精神與心智障礙、身體缺陷等情形，乘他人不知、不知抗拒而進行猥褻行為。
	權勢性交	利用監護、教育、救濟或業務等相類關係受自己監督、扶助、照護之人，利用權勢或機會進行性交行為。
性騷擾防治法	性侵害犯罪以外，違反他人意願，而與性或性別有關之行為	1. 言語上帶貶抑任一性別的意味，包含偏見、侮辱性意涵。 2. 肢體動作使人不舒服。 3. 展示、裸露色情。 4. 性賄賂或性脅迫等使他人感到恐懼、對他人造成身心影響的要求。

+PLUS

法令相關用語說明

性交：依刑法第10條，以下兩點皆為「性交」定義，一為用性器插入陰道，肛交、口交或是性器之間的碰觸；二為利用性器以外的其他身體部位或器物插入陰道、肛門。

猥褻：猥褻是指性交以外，客觀上看起來足以使一般人興奮或滿足性慾，並以性交為目的的色情行為，例如強摸他人私密部位。

性騷擾：性侵害犯罪以外，對他人實施違反其意願而與性或性別有關之行為。

▶性騷擾案例〔依據台北地方法院105年度簡字171號判決〕：A男追求B女，經常傳送「我想你、愛你」等簡訊給B女，更在網路散播兩人在一起、懷孕等謠言，即使B女表示困擾，A男仍未停止其行徑。據裁判結果，法官認定這個案例構成性騷擾。

13
性暴力

支援受害者的有關單位

國內有許多為了性暴力被害者所設立的援助制度，備有從性暴力發生的那一刻開始到復原階段為止所需要的協助。包含諮商、保護設施、援助中心，還有法律救助機關等，因為有政府機關和各種社會單位存在，所以可以依照需求來使用援助制度。

受害者援助單位：警局報案一站式服務、家庭暴力及性侵害防治中心（以下簡稱家防中心）勵馨基金會、現代婦女基金會（詳細聯絡資訊請參考附錄）

發生性暴力事件	→	警局（110）
↓		
諮商援助	→	警政婦幼隊通知社工、現代婦女基金會
醫療援助	→	警政或家防中心護送各縣市責任醫院
法律援助	→	法律扶助基金會、現代婦女基金會
偵查援助	→	警政連絡檢察官
保護、回到社會生活援助	→	現代婦女基金會、勵馨基金會

性暴力受害者的權利

※醫療院所

・醫院不得無故拒絕診療，且會以第一級病人檢傷分類優先處理。
・驗傷採證過程，院方會提供隱密的空間，避免干擾。
・受害者本人、本人的配偶或法定代理人可要求開立驗傷診斷書。
・經受害者本人同意，院方可協助證物採集及驗傷，並送至警察局檢驗。

※警察機關

・經受害者本人同意，警察可陪同至醫院檢查、驗傷並蒐集相關證物或重回現場偵查。
・依受害者需求及狀況，決定是否當下做筆錄。若未滿18歲，政府會指派社工陪同；若已滿18歲，受害者可申請社工陪同。另外，也可依受害者需求，請求家屬、醫師、心理師等陪同。
・案件調查過程中，會嚴加保密受害人身分。
・若需要心理治療、輔導、法律協助等，會協助連絡防治中心。

※檢察機關

- 除夫妻間之強制性交罪、強制猥褻罪及未滿十八歲之人合意性交外，為非告訴乃論之罪，就算受害人未提告，檢察官及警察機關應積極調查受害事件。
- 出庭應訊時，檢察官可採取隔離或單獨訊問，不必面對加害者。
- 結案時，起訴書或不起訴處分書中，不會記錄受害者姓名等相關資訊。
- 受害人為女性時，會有女性法警或女性書記官陪同。
- 申請被害補償的審議，個人資料會保密；補償項目，除支出的醫療費、無法工作或增加生活上需要的費用外，另外可申請精神慰撫金。

※家庭暴力暨性侵害防治中心

- 可陪同至醫療院所。
- 掛號費及診療驗傷等全民健保不給付費用項目，將由醫療院所向當地防治中心申請補助，受害人不需要付費。
- 受害人需要請求律師協助時，將提供法律扶助資源，包括法律諮詢、聘請專業律師等，並酌予補助經費。
- 影響到自立生活時，將提供緊急生活費用，並協助重建生活。
- 提供受害人需要專業心理輔導或治療資源，並且補助必要之費用。

※財團法人犯罪被害人保護協會

- 提供您申請補償的相關資訊與協助。
- 提供免費的法律諮詢、代為撰寫訴狀或委請律師出庭辯護。

性侵害被害人的援助辦法

依法規定，各縣市主管機關應擬訂性侵害被害人補助辦法，被害本人或配偶、法定代理人可代理申請，項目如下：

- 醫療費用：健保給付以外的醫療，包含掛號、驗傷、診斷書等相關費用。
- 心理復健費用：包含個別輔導、家庭輔導及團體輔導，每小時1200～1600元不等，每次限制2～3小時，每年上限24～48小時不等。
- 法律及訴訟費用：法律費用包含委任律師、諮詢費、撰狀費用，為3000～50000元不等；訴訟費用上限為5萬元，包含第一審到第三審的訴訟。
- 緊急生活費用：依當年度最低生活費標準，按月核發，補助以3個月為原則。另有安置費、租金以及子女教育托育費用可申請補助。

資料參考衛福部保護司，詳情可查詢政府網站，並依各縣市政府訂定辦法為準。

*資料來源為衛福部保護司目前最新頒布原則，詳細補助內容依各縣市政府訂定辦法為準。

14
性暴力

為無助的自己，保留一盞微光

爸媽們在面對孩子的性暴力事件時，時常為了跑程序、蒐集資料、協商、諮詢、治療等四處努力奔波，然而結果卻不一定跟付出的努力成正比。加害者可能不會受到該有的受罰，偵查過程也有可能因為證據不足而停滯不前。看到尚未復原的孩子仍深陷在痛苦之中，再加上種種壓力或打擊，心情難免變得灰心喪志，甚至整個家裡持續瀰漫這種低迷又沮喪的氣壓。

但各位一定要了解到的一點是，不論結果如何，我們都已經很努力了。只要是孩子的事，父母絕對願意全力以赴，我相信拿起這本書的你們也都是這樣。當我們能做的事都已經做了，請放下自責與後悔，給自己跟孩子一點鼓勵吧。

我們需要知道，正是因為家長沒辦法徹底解決所有的問題，在性暴力這個議題上，才有各方面的專家以及援助制度的出現。但即使動員了所有援助制度以及相關專家，依然有很多無法解決的事。處理性暴力事件數十年的專家都有無可奈何的時候，更何況是父母呢？

也有時候，即使法律程序上順利落幕，孩子的健康跟心理狀態卻沒有起色，甚至變得更為嚴峻。這時候更需要積極尋求專家協助，並向周遭朋友或值得信賴的人請求支援。雖然可能還有很多差強人意的地方，但也請各位試著相信，包含政府單位與社服機構的專家，在這個社會角落裡的很多人，都在為了改善性平問題而竭盡全力。請在需要的時候尋求支援吧！若可以的話，請跟孩子一起接受諮詢治療。

請放下「父母必須解決所有問題」的重擔，沒有一個人有辦法獨自處理所有問題。請減少心中的焦慮跟不安，告訴自己就算沒辦法徹底解決問題也沒關係，而且總有一天會康復好轉，一定會沒事的。

有一點很重要，就是不管再怎麼辛苦，也不可以跟平常的作息完全脫鉤。累到喘不過來的時候當然可以稍微休息，但休息，也是為了讓自己有力量回歸原本的生活。如果為了解決這件事拋下一切，等事件結束後，就需要花上更多的力氣才能回到平常的軌道。因此請注意，儘量不要拋下公司、學校、家庭活動等所有的日常而過度投入其中。

不管過程與結果如何，各位跟孩子都辛苦了。在復原的過程中，請成為彼此的力量並一起前進吧。父母也好、當事者也好，不要試圖憑一己之力改正所有問題，請放下重擔，運用資源幫助自己分攤重量。不論是我們這些致力宣導性平問題的專門人員，還是提供協助的政府單位、社福機構，這麼多年來的努力，就是希望能為性暴力受害者，帶來一點微弱的光芒。

附錄

性教育單字這樣教

為了幫助各位與孩子們進行性方面的對話，這裡會解釋各種性教育中使用的單字。

當孩子發問時，請參考著這些說明來分享，讓談話更順利。

界線 指的是其他人無法侵犯的、只允許自己存在的空間。當別人隨意觸碰自己的身體，或太靠近自己時會覺得奇怪，就是因為界線的關係。而這條線也存在於心理層面，所以就算不是身體的碰觸，被詢問到私人話題時，也有可能感到不適。

肢體接觸 我們會藉由碰觸彼此的肌膚，來表達愛意。牽手、擁抱、親吻或是摸對方的肚子，任何接觸都是。

接吻 這是一種表現喜歡某個人的方式。在國外，打招呼或是表示敬意的時候，也會親在對方手背上或臉頰上。像連續劇裡的主角彼此嘴對嘴表示愛意的行為，我們就把那個就是接吻。

做愛 這是肢體接觸的一種。這個時候會使用到彼此的性器官。這是為了懷孕或是為了讓彼此的心情變好而進行的肢體接觸。

約會暴力 約會暴力是指特定關係中發生的暴力行為，包含雙方還在確認彼此心意的曖昧階段、正在交往中，還有已經分手的關係，在這些關係中發生的暴力都是「約會暴力」，不是只有「約會時突然打人」而已。

性暴力 指的是隨便侵犯界線的行為，即便當事人說了不想要，但還是觸摸對方或是隨便談論別人的身體。而且不只是指肢體上，用言語、視線或氣氛在性方面欺負人的行為也都是性暴力。

強暴／強姦 指的是利用恐嚇、威脅來強迫插入生殖器的性暴力行為。

猥褻 雖然猥褻行為沒有真的插入生殖器，可是也是一件為了滿足自己的慾望而強迫他人的犯罪行為，例如強摸別人的胸部。

性騷擾 與性或性別有關，讓他人感到不舒服、覺得被冒犯、侮辱或貶損別人自尊的言語和行為。也包括利用地位優勢或權力，在職場、校園威脅他人權益。

性別暴力 因為他人的性別、性別氣質、性傾向做出暴力行為，其中也包含情緒、言語、經濟和性暴力等等。雖然目前的受害者大多數都是女生，但其實任何人或任何性別都有可能遭受到性別暴力！

性別刻板印象 深信應該依照女生、男生等不同性別決定態度、情緒、行為、職業、穿著等等的社會文化，像是認為男生要很勇敢、女生要很溫柔，或是女生應該穿裙子等等。

性別平等 指的是不論一個人的性別是什麼，都能享有同等的機會與權利。

社會性別 「社會性別（Gender）」指的不是生理性別，而是在想法、行為、談吐中表現出的性別特質，例如「女生穿粉紅色衣服、留長髮、說話輕聲細語」、「男生穿褲子、短頭髮、說話大聲豪邁」等。生理性別與社會性別也有可能不一樣。

性別歧視 因為性別不同的理由而做出差別待遇，像是不讓女生踢足球、不讓男生穿裙子。

女性主義 名為「女性主義（Feminism）」，但實則是追求「性別平等」的理念或行動。因為以歷史角度來看，男性大多位居主導位置，女性退居附屬角色，所以才需要藉由主張女性權利來達到平等。女性主義的抬頭不僅可以讓女性獲得許多以往因性別被禁止的權利，也能讓男生跳脫本來硬著頭皮不得不做的事情，例如：女生不需要唸書、男生必須扛起家計。

異性戀 性取向的一種，會喜歡上跟自己性別不同的人，並感受到對方的性魅力，通常指女性跟男性之間的戀愛。

同性戀 同性戀也是一種性取向，指的是愛上跟自己相同性別的人，通常會依男女區分為男同志（gay）和女同志（lesbian）。

雙性戀 雙性戀也是一種性取向，指的是對於女性、男性兩種性別都能感受到性魅力，也都能產生愛意。

無性戀 無法感受到他人的性吸引力，或是對於性方面的事情興趣很低。

＊＊＊

陰蒂 陰蒂在女生陰唇的上方，是能感受到性刺激的器官。如果刺激陰蒂的話，陰道就會變得濕潤柔軟，讓身體可以不受傷地發生性關係。

陰唇 指的是女生的生殖器官。我們原本叫它「小妹妹」，但現在就用「陰唇」來稱呼吧。陰唇的外側有肉比較多的大陰唇、內側則有軟嫩的小陰唇，小陰唇的內側有陰蒂、尿道跟陰道。

陰莖 指男生的生殖器。捨棄「小雞雞」、「小弟弟」的代稱，直接用「陰莖」來稱呼吧。包覆著陰莖的頂端叫做「龜頭」，陰莖下面有兩顆圓球狀的器官，叫做「陰囊」，然後陰莖頂端排出小便的地方就是「尿道口」。

夢遺 指在睡夢中的時候，本來儲存精子的地方滿了，所以流到身體外面的現象。

勃起 男生的陰莖因為湧入血液而變得堅硬的情況。像是受到刺激，或是尿尿時擠壓到血管，都有可能會發生。

自慰 因為在性方面感到興奮，而且想要滿足這股性慾時，藉由觸摸陰莖或陰唇來讓自己開心的行為。

色情媒體 強調性方面感官、刺激性慾的媒體，包含色情網站、影片、照片、小說等等。

保險套 一種避孕工具。材質類似橡膠，外層塗有潤滑劑。戴保險套就像是把襪子穿在腳上一樣，用來套住男生已經勃起的陰莖，阻止精子進入女生的身體當中。

女性保險套 指的是女生用的保險套。一般的保險套是用在男生陰莖上，不過女性保險套則是放在女生的陰道內，作用跟保險套一樣，都是為了不讓精子進到陰道內。

避孕 預防懷孕而實行的措施，最常見的就是用保險套或是避孕藥。

懷孕 指的是肚子中懷有小寶寶。當男生的小小精子跟女生的小小卵子相遇，就會變成受精卵，如果這個受精卵決定在女生的子宮住下來，就會在10個月後長成小寶寶，最後誕生到這個世界。

性病 是經由性行為傳染的疾病，也有可能會透過血液或母子垂直感染。如果懷疑有可能得到性病的話，一定要去醫院檢查。

月經 這是青春期女孩的其中一個身體變化。左右兩邊的卵巢每個月會輪流排出一次成熟的卵子。子宮中也會為了準備懷孕時的營養成分而增厚子宮壁，所以，當身體發現沒有受精卵著床，子宮壁就會跟著卵子一起經由陰道排出身體，這種現象就稱為月經。每次大概會持續3到7天，有可能伴隨肚子痛或是腰痛等狀況。

經期用品 月經來的時候需要使用的物品。有衛生棉、月亮杯、棉條或褲型衛生棉等等，可以都嘗試看看，然後挑選適合自己的。

子宮 女生的內生殖器。子宮的「子」就是孩子的「子」，也可以當成是「孩子成長的地方」。

各直轄市、縣（市）政府家庭暴力及性侵害防治中心通訊

衛生福利部保護服務司	(02)8590-6666 11558臺北市南港區忠孝東路6段488號
臺北市家庭暴力暨性侵害防治中心	(02)2361-5295分機226 10042臺北市中正區延平南路123號5、6、7樓
新北市政府家庭暴力暨性侵害防治中心	(02)8965-3359分機2303、2306、2309 22054新北市板橋區中正路10號3樓
臺中市家庭暴力暨性侵害防治中心	(04)2228-9111分機38800 420臺中市豐原區陽明街36號3樓
臺南市政府家庭暴力暨性侵害防治中心	(06)298-8995 708台南市安平區永華路二段6號6樓
高雄市政府社會局家庭暴力暨性侵害防治中心	(07)535-5920 802高雄市苓雅區民權一路85號10樓
桃園市政府家庭暴力暨性侵害防治中心	(03)332-2111 33053桃園市縣府路51號6樓
新竹市家庭暴力暨性侵害防治中心	(03)535-2386 300新竹市中央路241號4、5、8樓
新竹縣家庭暴力暨性侵害防治中心	(03)551-8101分機3165、3167、3153、3147 302新竹縣竹北市光明六路10號
苗栗縣家庭暴力暨性侵害防治中心	(037)322-150 360苗栗縣苗栗市府前路1號
彰化縣家庭暴力暨性侵害防治中心	(04)726-4150 500彰化縣彰化市中興路100號
雲林縣家庭暴力暨性侵害防治中心	(05)552-2560 640雲林縣斗六市雲林路二段515號
嘉義市家庭暴力暨性侵害防治中心	(05)225-4321分機121、(05)225-3850 600嘉義市東區中山路199號

各直轄市、縣（市）政府家庭暴力及性侵害防治中心通訊	
嘉義縣家庭暴力暨性侵害防治中心	(05)362-0900分機3303 612嘉義縣太保市祥和二路東段1號
屏東縣家庭暴力暨性侵害防治中心	(08)732-0415 900屏東市自由路527號
基隆市家庭暴力暨性侵害防治中心	(02)2420-1122分機2205 202基隆市中正區義一路1號
宜蘭縣政府家庭暴力暨性侵害防治中心	(03)932-8822分機278 260宜蘭縣宜蘭市同慶街95號
花蓮縣家庭暴力暨性侵害防治中心	(03)824-6846 970花蓮縣花蓮市府前路17號
臺東縣家庭暴力暨性侵害防治中心	(089)320-172分機54 950台東市桂林北路201號3樓
南投縣家庭暴力暨性侵害防治中心	(049)222-2106分機9 540南投市中興路660號
澎湖縣家庭暴力暨性侵害防治中心	(06)927-4400分機531、532、355 880澎湖縣馬公市治平路32號
金門縣家庭暴力暨性侵害防治中心	(082)324-648、323-019、373-291 893金門縣金城鎮民權路173號
連江縣家庭暴力暨性侵害防治中心	(0836)22095 209連江縣南竿鄉復興村216號

資料來源：衛福部保護服務司 2019/12

性暴力受害者社會援助機構	
現代婦女基金會-性暴力防治組	(02)7728-5098#6 台北市中正區羅斯福路一段7號10樓之4
婦女救援基金會	(02)2914-3527 新北市新店區北新路一段337號2樓
芸光兒童與青少年性諮商中心	(02)8911-8595 新北市新店區順安街2-1號1樓
財團法人勵馨社會福利事業基金會	(02)8911-8595 新北市新店區順安街2-1號1樓
勵馨基金會台北市蒲公英諮商輔導中心	(02)2362-2400 台北市羅斯福路二段75號8樓
勵馨基金會台中蒲公英諮商輔導中心	(04)2223-8585 台中市西區三民路一段174號12樓
勵馨基金會高雄蒲公英心理諮商中心	(07) 2237995 高雄市苓雅區凱旋一路3號3樓
外籍配偶諮詢專線	0800-088-885
男性關懷專線	0800-013-999

台灣廣廈 國際出版集團
Taiwan Mansion International Group

國家圖書館出版品預行編目（CIP）資料

爸媽的第一本不尷尬性教育指南：減少衝突的70堂性觀念×性暴力關鍵對話課，跟錯誤百出的「網路老師」說bye-bye / 盧河延, 申淵淀, 李水智, Lala School著；林坤譯. -- 初版. -- 新北市：台灣廣廈, 2020.07
面； 公分
ISBN 978-986-130-463-2（平裝）
1. 性教育 2. 親職教育

544.72 109005614

台灣廣廈

爸媽的第一本不尷尬性教育指南

減少衝突的70堂性觀念×性暴力關鍵對話課，跟錯誤百出的「網路老師」說bye-bye

作　　者／盧河延・申淵淀・李水智
Lala School
譯　　者／林坤
編 輯 長／張秀環
封面設計／何偉凱・**內頁排版**／菩薩蠻數位文化有限公司
製版・印刷・裝訂／東豪・弼聖・秉成

行企研發中心總監／陳冠蒨
媒體公關組／陳柔彣
綜合業務組／何欣穎
線上學習中心總監／陳冠蒨
數位營運組／顏佑婷
企製開發組／江季珊、張哲剛

發 行 人／江媛珍
法 律 顧 問／第一國際法律事務所 余淑杏律師・北辰著作權事務所 蕭雄淋律師
出　　版／台灣廣廈
發　　行／台灣廣廈有聲圖書有限公司
地址：新北市235中和區中山路二段359巷7號2樓
電話：（886）2-2225-5777・傳真：（886）2-2225-8052

全球總經銷／知遠文化事業有限公司
地址：新北市222深坑區北深路三段155巷25號5樓
電話：（886）2-2664-8800・傳真：（886）2-2664-8801
郵 政 劃 撥／劃撥帳號：18836722
劃撥戶名：知遠文化事業有限公司（※單次購書金額未達1000元，請另付70元郵資。）

■出版日期：2020年07月
ISBN：978-986-130-463-2
■初版4刷：2024年7月